操盘手的资金管理系统

锁定利润规避破产风险

【美】班尼特·A.麦克道尔 著

张轶 译

山西出版传媒集团
山西人民出版社

图书在版编目（CIP）数据

操盘手的资金管理系统：锁定利润规避破产风险 / （美）班尼特·A.麦克道尔著；张轶译. -- 太原：山西人民出版社，2020.9

ISBN 978-7-203-11404-8

Ⅰ.①操… Ⅱ.①班…②张… Ⅲ.①股票交易—研究 Ⅳ.① F830.91

中国版本图书馆 CIP 数据核字 (2020) 第 113935 号
著作权合同登记号　图字：04-2018-006

操盘手的资金管理系统：锁定利润规避破产风险

著　　者：（美）班尼特·A.麦克道尔
译　　者：张　轶
责任编辑：任秀芳
复　　审：吕绘元
终　　审：秦继华
装帧设计：陈　瑶

出 版 者：山西出版传媒集团·山西人民出版社
地　　址：太原市建设南路21号
邮　　编：030012
发行营销：0351-4922220　4955996　4956039　4922127（传真）
天猫官网：https://sxrmcbs.tmall.com　电话：0351-4922159
E-mail：sxskcb@163.com　　发行部
　　　　　sxskcb@126.com　　总编室
网　　址：www.sxskcb.com

经 销 者：山西出版传媒集团·山西人民出版社
承 印 厂：三河市宏顺兴印刷有限公司

开　　本：710mm×1000mm　1/16
印　　张：14.5
字　　数：230 千字
印　　数：1-5000 册
版　　次：2020 年 9 月　第 1 版
印　　次：2020 年 9 月　第 1 次印刷
书　　号：ISBN 978-7-203-11404-8
定　　价：58.00 元

如有印装质量问题请与本社联系调换

本书献给我的父亲罗伯特·亚当斯·麦克道尔和我的母亲弗朗西丝·弗奎蓉·麦克道尔。感谢你们的指导、爱心和支持。

开篇序
截断亏损，让利润奔跑

21世纪伊始，年轻的我们怀揣着梦想与激情，开创了"舵手图书"品牌，旨在通过整合中外资源，为广大投资者传播最有价值的投资理念。

资本市场波诡云谲，理论与实践间、新知与经典间极易冲突、碰撞，但始终未改我们对价值的极致追求——我们大胆求索、积极开拓，先后与多家世界著名出版机构合作，引进了一批享誉全球投资界的经典巨著，如《怎样选择成长股》《期货交易策略》《亚当理论》《股票大作手回忆录》《股市晴雨表》《艾略特波浪原理》《江恩理论精髓》《擒庄秘籍·精解版》《新金融怪杰》《高胜算操盘》《短线交易大师：精准买卖点》《短线交易大师：工具和策略（1—2）》等1000多部著作，深受广大读者好评。

近年来，随着中国资本市场对外开放不断深入，外资开始加速流入并已初具规模，中国A股机构化特征愈加明显。对散户投资者而言，在一个更加成熟的资本市场中做交易，如果没有完善的交易系统和资金管理系统，就会像没有穿护具的运动员挑战险峰一样，一失足便成千古恨。市场上关于如何选股、买卖的书很多，但是关于仓位管理、风险控制的书却比较少见，即便有这方面的内容，也是从道的视角，高谈阔论，抑或从数学理论角度，讲一些晦涩难懂的算法。这对普通投资者来说，便是难以消化的。

所幸，我们终于发现了一本文字简单易懂、逻辑框架全面，又具有很强实战意义的好书——《操盘手的资金管理系统》。作者班尼特·A.麦克道尔用亲身经历和交易系统，从心理层面和操作层面详细论述了资金管理的方法和思路。此外，本书还提供了一些非常实用的软件和卡片，帮助交易者设计适合自己的资金管理系统。

资金管理归根结底是风险管理。然而，对交易者来说，管理风险最大的敌人往往是自己——在面对亏损、错失机会、糟糕的选择时候，大多数交易者会冲动决策，最终，不是因为没有止损而造成大幅亏损，就是因为没有按照程序化的出场策略卖出而错过大牛股……这些都是交易中的风控大忌。真正的风险管理是基于进出场策略、仓位、交易量等一系列要素有序安排下，帮助交易者取得优异资金曲线的系统。

我们希望有越来越多的人能够认识到资金管理系统对于交易的重要性，它不仅是成熟个人投资者和机构投资者的交易风险控制的指南，更是训练生活中策略思维的利器，值得我们为之认真践行。

为此，随着本书出版，我们将在"舵手汇"平台提供与本书主题相关的内容服务，组织大家一起学习、讨论和分享，包括用资金管理系统指导自己的交易过程中遇到的困难和问题，以及成功用资金管理系统改变了自己交易习惯的心得和经验。

要做好交易，三个方面缺一不可。这三个方面分别是你的交易系统、你的资金管理系统和你！愿这本《操盘手的资金管理系统》在建构你资金管理系统的同时，助你截断亏损，让利润奔跑。

序 言

如果你使用技术分析,你可能会用到 K 线图。这是因为 K 线可以使用在任何时间框架(译者注:指我们观察的日内图、日线图、周线图和月线图等)下,可以使用在任何市场,交易者可以通过 K 线在大行情发动前发现反转点。

作为把这种制图方法展示给西方的人,我很高兴很多人都在使用 K 线。然而,随着 K 线图的流行,我发现了一个负面效应——大部分交易者都不能正确地使用 K 线图。这就是为什么我的公司要重点做这方面的培训教育。

最危险的错误之一就是把 K 线当作唯一的交易工具,这是错误的。K 线是工具,不是交易系统。这就是为什么我要把 K 线和西方的技术分析结合在一起并经常做风险/回报分析的原因。

资金管理同样重要——也就是说交易时要使用合适的交易量(译者注:"trade size"指某笔交易交易了多少股或多少份合约,目前没有合适的中文翻译方法,本书中翻译为"交易量",也就是人们常说的仓位大小或头寸)。比如,建仓时交易多少笔是恰当的?如何逐级加仓,如何逐级减仓?你如何根据你的风险忍受度调整交易量?还有一些重要的问题,不过这些问题已经超出了我的专业范围,这就是为什么我要非常乐意地高度推荐这本优秀的书。

我和一些机构交易者在一起工作过,我可以告诉你很多最成功的交易者的亏损笔数大于赢利笔数,他们是如何实现成功的?答案是他们在交易时明智地使用了止损并采用了合适的交易量。所以说,如果你正在阅读本书,那我真的要恭喜你:你已经迈出了跟随成功交易者的第一步。

  一个日本武士说过:"定位和目标一致的人才能取胜。"把K线的时机优势和《操盘手的资金管理系统》中披露的证明有效的资金管理纪律结合起来,你就会成为一个更有信心的成功交易者。作为额外奖赏,你的压力减少了!

史蒂夫·尼森

前　言

要想交易成功,需要解决很多谜团,资金管理是其中最重要的一个。由于不懂简单的风险控制方法,很多人亏掉了很多资金(我自己也亏了一些),我能证明风险控制是重要的。

我被一次又一次地告知,普通大众对这个话题不感兴趣。我自己一开始也不重视资金管理,有几次我认真地选好了交易机会,但结果是巨亏,从那以后我才开始重视资金管理。

所以,我认为一般人都不会对资金管理"一见钟情"——如果你正在阅读本书,我假定你已不再是新手了;如果你看到了本书的书名《操盘手的资金管理系统》,并说"这是一本好书",那说明你早已明白了风险控制的重要性;如果你确实是新手,一开始就学到了风险控制的价值能让你一马当先。

本书提供了一些经过时间检验的技术,这些技术能让输家变成赢家,能让赢家再提高到更高的层次。我会尽量给你更多的工具,这样你就有可能自己设计一个成功的风险控制系统。

你会得到两个重要的工具,一个是交易量计算器软件(可以试用一个月),另一个是交易者助理交易记录资料,可以用来做交易记录(你可以从本书拷贝)。

这两个工具和本书文字内容互为补充,它们能增加你的收益,也就是你的最终目标——更多的利润!请尽情地享受本书吧!我祝你发财,开心交易,一切顺意!

班尼特·A. 麦克道尔

加州圣迭哥市

2008 年 3 月

感谢词

特别感谢威立父子公司的编辑大卫·普。大卫,你在出版界的经验让你经手的每部作品都大放光彩,我希望能和你成为金兰之友。我还要感谢威立父子公司的凯利·奥康诺和史黛丝·斐奇科塔:我很感激你们对文稿提出的指导和各种帮助。

史蒂夫·尼森是本时代最伟大的K线专家,感谢你为本书作序。非常感谢瑙泽·鲍尔绍拉教授,教授同意我们在本书中加入他的破产风险表。他的经典著作《期货交易者资金管理策略》1992年由威立父子公司出版,书中包含了全面的破产风险表。

我的很多学生在学习的过程中给了我很多反馈,这些反馈都是很有帮助的,最后形成了有用的培训材料。我感谢每个学生。我要特别感谢伊夫·皮德拉德,他是一个特别的学生,他对本书中交易记录部分提出了自己的深刻见解并做出了极好的贡献。

当然了,还要感谢我的妻子吉恩·麦克道尔,她一直在我身边辅助我写作。亲爱的,感谢你所做的一切——非常感谢!

班尼特·A. 麦克道尔
加州圣迭哥市
2008年3月

免责声明

《操盘手的资金管理系统》一书中的信息只能当作参考资料使用。我强烈建议交易者和投资者自己做研究、做测试,以确定交易思想或系统的有效性。

在金融市场交易会有很大的风险,traderscoach.com 网站、班尼特·A. 麦克道尔或分支机构都不会为你的成功或失败负责。正因为这个原因,你应该只用自己的资金交易并承担你可以接受的风险。另外,过去的业绩并不能保证未来的收益。因此,即使你过去成功了,你并不能保证以后会成功。traderscoach.com 网站和班尼特·A. 麦克道尔不会承诺任何业绩,也不会保证你会成功。traderscoach.com 网站鼓励你先做研究,做很多模拟交易,然后再用真金白银实战。

模拟测试的业绩有一定的局限性,它和真实的业绩不同,模拟测试的业绩不能代表真实的业绩。而且,由于交易者并没有真刀实枪地交易过,交易者在实战时会受到不同市场因素的影响,比如缺乏流动性,因此模拟测试的收益和真实的收益会有差距的。模拟测试软件和方法通常都是用事后诸葛亮的方法设计的。本书中提供的例子不代表实战时会取得相似的利润或亏损。

引言　这是我的资金管理系统

《操盘手的资金管理系统》一书中的方法是我自己的方法，我用它来在金融市场避免麻烦并扩大利润。它是一个综合策略，涵盖的内容有风险控制心理、设置止损出场点的好处、管理交易量的好处、做交易记录的好处。本书会一步一步地告诉你如何开发一个适合你的系统。

很多关于资金管理的书会用相当大的篇幅讲解风险管理的数学公式和数学理论。我将尽量采用简单的容易理解的概念讲解这些内容，这样你就能快速理解这些概念的好处。

如果你想深入研究数学公式，我在本书的附录部分推荐了很多不错（没这么简单）的书。这些书的内容是本书中提到的很多技术的基础知识。

主要目标就是立即行动

我的目标是让你尽快找到一个有用的系统，这样你就能立即感受到管理风险的好处。如果你现在还没有系统，此时你正好可以找到一个系统。如果你的系统还有需要完善的地方，我们会一起完善它的。

多年来我与全世界的交易者和投资者一起工作，我发现大部分人都是到了最后才开始研究风险控制。通常大部分人关心的是进场策略、软件和系统——可能是他们以为"系统"能产生暴利。

他们最终发现仅仅依靠系统并不能产生暴利。除了系统之外，交易者和投资者必须形成纪律和强壮的心理素质，还要处理好真实风险资金——也就是你能承受的亏损金额。另外，他们还需要一个优秀的资金管理系统以扩大利润并避免金融风险。

未雨绸缪

风险无处不在，管理风险是一生都在做的事。每次当你上车的时候，你就有遇到事故的风险；当你在雷雨天出门的时候，你就有被雷击的风险（虽然风险不大，但毕竟是风险）；你可能会遇到医疗风险（很少见，根据基因或家族情况不同而不同）或失业的风险——不胜枚举。

在我们这个社会中，我们会通过买保险或特别小心的方式尽量控制或管理这些风险。比如，你会给爱车买盗抢险、车辆损失险和机动车交通事故强制责任险；也许你有医疗保险、人寿保险、企业保险或事业保险；如果你确实是有责任心的人，你就要经常锻炼，正确地饮食并在过马路时先看看左右两边。

这些措施都是为了防止各种意外情况带来的灾难结果，但它们不能消灭意外。这正是我要说的重点：这些情况是意料之外的。我们作为交易者，就要养成习惯，防止意外发生，当意外来临时，要有应对策略。

另外，当意外来临时，我们不能"目瞪口呆，不知所措"。我们要做好准备，随时和意外带来的恐惧心理做斗争。

需要管理的6种交易风险

有了未雨绸缪的心理准备，我们就会对可能发生的事做好应对计划。你在交易前要考虑到6种基本的风险。我们会在后面的章节具体讲解的，先让我们了解一下排在最前面的6种风险：

1. 交易风险
2. 市场风险
3. 保证金风险
4. 流动性风险
5. 隔夜风险
6. 波动性风险

本书的结构

本书分5个部分,都能帮助你开发你自己的资金管理系统。以下是对5个部分的总结,这样你就能知道从哪里开始。你要尽量让这本书为己所用。如果你想研究某个特定的话题,你可以从目录寻找相关内容,根据你的经验以及你的需求,你可以从这个部分跳到那个部分。

第一部分:风险控制心理

在追逐金融成功的苦思过程中,思维强而有力。有时候最强大的敌人就是我们自己。错过的机会、糟糕的选择和恼怒都会导致灾难的发生。

交易或投资的心理因素会成为帮助我们打破僵局的神奇钥匙。你会知道要寻找哪些股票,如何有效地应用你的资金管理系统。

第二部分:止损出场

如果交易者每次给我电子邮件时告诉我因为他没有止损而亏了很多钱时,我就能得到5分钱——那么我将会得到很多钱!交易者不是不知道要止损,而是不知道如何选择有效的止损方法。也有可能是他们有止损的方法,但是因为心理上的原因,他们不能执行这个止损方法(请看第一部分)。

在第二部分,我们会告诉你多种止损的方法和让你坚持使用它们的小诀窍。

第三部分：交易量很重要

你是否从不检查当前的市场动力（译者注：市场动力指价格成交量等数据），每笔交易都交易相同的股数？每次只交易固定的股数或份数（100 或 1000）确实是干净利索，但也许不是最好的做法。我比较担心的是，也许在某些市场状况下你的风险太大了。

在第三部分，你会学到如何决定交易量的大小，这样你就不会放大风险。你还可以下载交易计算器™软件（你在购买本书时会得到为期一个月的试用版），你会发现计算单笔交易的交易量是多么简单、多么快捷。

第四部分：做交易记录并分析利润/亏损

也许你并不喜欢做交易记录，但这确实很重要，做交易记录会给你带来很多好处。如果你真的讨厌总结你的利润和亏损，那么这说明你害怕面对结果。

这让我们回到了资金管理的心理部分。简单的加仓动作就能引起各种情绪反应，甚至会产生恐惧心理。人们常常会害怕成功（是的，你的交易是成功的，但你感到害怕，这是很平常的现象），同样也害怕失败。

现在你要抖擞精神，严守纪律，开始研究数字了。千万不要等到月底才把计算器拿出来。我的意思是你每天都要做总结，这是唯一的让你变得诚实可靠的办法。

关于如何做交易记录，我们已经在"交易者助理"软件里面包含了所有的交易卡片和分类表，交易者助理软件获得《股票和商品技术分析》杂志的读者选择奖。你可以把这些表格复印下来并开始做交易记录。

第五部分：设计你自己的系统

这部分很有趣。你将根据你的风险忍受度、你的经验水平和需求定制你自己的系统（译者注：本书原作者喜欢用 plan 这个词，从上下文判断，翻译成系统比较好）。我们将会帮助你设计自己的资金管理系统，你将使用这个系统持续赚钱。

把彩色笔拿出来用吧

你准备好了吗？你可以在本书上面写字（除非你是从图书馆或朋友那里借的！）在阅读时，你可以写下如何把这些技术和你的交易系统结合起来的思路。

优秀的资金管理的好处就是它可以和任何交易或投资系统完美地结合起来。只要你运用得好，这些概念都是通用的。如果你有任何问题，请通过电子邮件联系我，我的电子邮件是 team@ traderscoach.com。

祝你永远投资顺利！

班尼特·A. 麦克道尔

加州圣迭哥市

2008 年 3 月

目 录

第一部分　风险控制的心理 …………………………………… 1
- 第 01 章　不仅仅是性感 ………………………………………… 3
- 第 02 章　对系统的信心 ………………………………………… 9
- 第 03 章　阴和阳 ………………………………………………… 17
- 第 04 章　风险心理和"交易者的思维" ……………………… 25

第二部分　止损出场 …………………………………………… 31
- 第 05 章　并非每笔交易都会赢利 ……………………………… 33
- 第 06 章　进场原则和你的交易系统 …………………………… 39
- 第 07 章　止损出场原则 ………………………………………… 49
- 第 08 章　逐级平仓和逐级加仓 ………………………………… 59

第三部分　交易量确实很重要 ………………………………… 65
- 第 09 章　使用破产风险表和最优 f 公式 …………………… 67
- 第 10 章　使用2%的风险公式和合适的交易量公式 ………… 75

第四部分　做交易记录并分析赢利和亏损 …………………… 81
- 第 11 章　分析利润和亏损以及更多的成功公式 ……………… 83
- 第 12 章　使用交易卡片和分类表 ……………………………… 91

第五部分 设计你自己的系统 ………………………………… 121
第 13 章 了解自己——你的风险和纪律 ……………… 123
第 14 章 风险管理原则 …………………………………… 129

尾 声 ………………………………………………………………… 139
附录 A 开始使用交易量计算器 30 天试用版下载 ………… 141
附录 B 交易者助理交易记录系统 …………………………… 143
附录 C 模拟交易的艺术 ………………………………………… 157
附录 D 相关资源 ………………………………………………… 163
术语表 ………………………………………………………………… 169
关于作者 ……………………………………………………………… 205
译者后记 ……………………………………………………………… 207

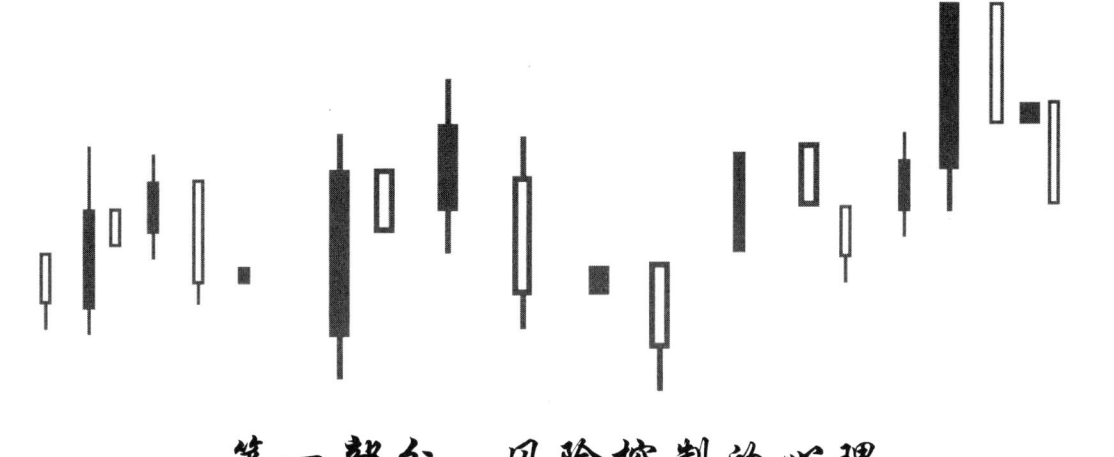

第一部分　风险控制的心理

第 01 章　不仅仅是性感

也许资金管理并非是你最感兴趣的事物。也就是说，当你靠真正的资金管理赚了钱后你才会对资金管理感兴趣。交易者只有发现了优秀的资金管理的好处——才能突然发现资金管理很有趣。一旦你发现了优秀的资金管理可以保证利润并避免破产的风险，那么你就有可能喜欢上资金管理。

为何资金管理如此乏味？

如果你听见别人谈论资金管理，你可能会想："为何资金管理如此乏味？"这可能是因为人们喜欢一股脑儿地钻入金融市场所带来的刺激。因为新手不知道风险分析和资金管理的重要性，他们这种冲动的行为会给他们带来麻烦。

和分析潜在的亏损相比，是不是梦想刚建立的仓位能够带来巨大的收益要有趣很多？何必要有消极思想呢？

第一眼看上去，交易很容易让人感到兴奋。除此之外，你还想要什么？当仓位对你不利，侵蚀了你的本金时，你会怎么想？你可能会说这仅仅是账面亏损，市场还会回来的。没问题！

但是市场并不合作，它并没有按照你期望的方向走去。实际上，它向相反的方向走去。建仓时的兴奋在此时是不是变成了急于平仓的焦急心理了？此时肾上腺素开始起作用，你的心跳加快、掌心出汗，兴奋很快变成了恐惧。

市场向相反的方向走去，还出现了跳空缺口，怎么会这样？我们在进场的时候是如此确信、如此地明确，不是吗？我们不可能犯错的，是不是？现在已经亏了很多了，我们舍得平仓吗？

如果在进场前没有计划、没有设置止损、没有经过检验的资金管理系统，那么进场后仓位就有可能亏损。

实际上亏损是很常见的现象，最优秀的交易者也会亏损。亏损的原因有很多——无知、没有耐心、没有能力承认自己错了、没有经验，更糟糕的是冲动交易（无论结果的好坏）。

不管具体原因是什么，我想大部分人都会承认亏损并非是一件耍酷的事，亏损也不好玩。问题是我们是否足够痛苦，从而想到要采用资金管理系统？或者是继续亏下去才能吸取教训？

每个人的答案都会有所不同。

风险控制心理

风险控制心理迟早会让你确信你会从风险控制计划中受益的。现在就要想办法让你朝这个方向走。你要花时间设计一个系统，花点钱购买工具和相关材料，最重要的是重新评估你对金钱和市场的认识。

也许你一开始就知道风险控制是重要的，这说明你是少数的幸运儿。大部分交易者都是通过痛苦的方式明白这个道理的——也就是通过亏钱才明白的。无论如何，在开发个人的资金管理系统中形成自己的风险控制心理是一个关键任务。

一旦你掌握了正确的心理，你的焦虑就少了，你就能持续一致地坚持你的系统。很多时候交易者开发了完美的系统，但是因为他们的心理不够成熟，所以他们无法坚持自己的系统。如果你有一个优秀的资金管理系统，随着时间的推移，再加上你的利润在增长，你的心理就会慢慢变强了。

第一步：让它变得性感和有趣

赚钱是性感的，赚钱是有趣的。如果你能把这两个认知移植到资金管理系统中，你就跑在别人前面了。比如，当你的系统告诉你你的交易亏钱时，你不会为止损感到担心（顺便说一下，这是很正常的），你应该想到你离赚钱的交易更近了。

从概率的角度来说，如果你的系统胜率是60%，也就是10笔交易中有6笔是赚钱的，那么你止损的次数越多，你离赚钱就越近了。这比死盯着止损带来的巨大亏损更有意义。

我提到了巨大亏损，那是因为我在后面会告诉你，每笔交易最多只能亏损2%，这个数字是可以管理的。如果你的账户有1万美元，那么每笔交易的亏损是200美元，这不算很糟糕，是不是？

限制了每笔交易的潜在亏损，你就会在止损时不再焦虑并自动地强化你的心理。

> 重要提示：对于一些高级交易者，风险大于账户的2%是有好处的。他们必须根据历史业绩统计数据仔细计算每笔交易的风险。请参看第09章，以决定你的回报率和胜率是否同意你的风险大于2%。

交易情绪中不仅仅有恐惧和贪婪

在电影《华尔街》中戈登·盖高说："贪婪……是好事。"也许戈登是过分贪婪了，但电影中的这个场景很有意味。

一谈到市场心理，人们就会提到贪婪和恐惧。其实还有很多其他重要的情绪也在起作用。

当你评估自己的交易心理时，要考虑到以下消极心理动机（并非是贪婪和恐惧）：

- 后悔
- 焦急
- 责怪
- 担心
- 焦急
- 漠然
- 拒绝

当你评估自己的交易心理时，要考虑到以下积极心理动机：

- 幸福
- 接受
- 期望
- 自豪
- 感激
- 自信

当你评估自己的心理和情绪动机时，你要考虑如何减少消极情绪并增加积极情绪。也许你无法去除所有的消极情绪，也无法采用所有的积极情绪，但只要你想成长，你就要朝这个方向努力。

心理动机

积极的和消极的心理动机都在影响我们。优秀的资金管理系统会帮助你消除消极动机并增加积极动机。

比如，如果你知道对于1万美元的资金你每笔最多会亏损200美元，那么就会缓解很多焦虑心理。压力和焦虑是消极动机，你越没有压力和焦虑，你的利润就越多（你就越享受交易）。

当你从系统中得到了信心，你就会开始看见利润的增长。每笔交易的丰厚利润能够让人产生自豪感，自豪感就是积极的心理动机。

这些例子说明了如何看待你的交易心理。理想的状况就是搞清楚你在交易时哪些个性和情绪倾向是消极的，哪些是积极的。目的就是为了享受交易的过程——尽量消除消极情绪并增加积极情绪。

第02章 对系统的信心

如果你不相信你的系统会起作用,它就不会起作用。可以说这个原则几乎适用于任何方面,这是某种自我实现的预言。交易时的障碍很多,比如有好的系统,但是没有正确的认知;太自我了,认为不需要系统;或者是系统太差了。如果你不相信你的系统(或是没有系统),你就要问问自己为什么了,然后做出调整,现在不做,更待何时?

你必须相信!

交易者根本不相信资金管理系统的重要性也是一个巨大的挑战。

因为大部分人还是不相信资金管理特别重要,所以对于大部分人来说资金管理还是绊脚石。大部分交易者和投资者认为基本面分析和最好的技术软件很神奇,它们比任何东西都好。他们认为资金管理"不够性感"。

交易者有时候很自信:"发生在别人身上的事绝不会发生在我身上;我很聪明,我永远不会亏那么多钱;我没那么笨——我的基本面分析和技术分析都是完美无缺的……"

老实说,你只是为了满足你的自尊心,交易完全是概率,和"聪明"或"愚蠢"没有任何关系。坦白说,因为市场是波动的、强有力的、无法预测的,所以任何人都有判断正确的时候。但最有经验的市场参与者都不是市场的对手。有时候市场就像是海浪——也许你能看见它来了,但是你无法及时躲开。

1929年和1987年的崩盘、多年来的房地产泡沫、珍珠港事件、911恐怖袭击、2000年科技股的泡沫、安然公司的轰然倒塌——这样的事不胜枚举。有些情况人命关天,在这种情况下,再考虑到市场的不可预知性,优秀的风险控制就能帮助你了。风险控制就是计算概率并确保概率对你有利。

风险控制和保险政策相似——是的,以防家中发生火灾或住房被台风刮倒了。当你克服了情绪上的低落以后,你可以用保险金再次建立自己的新生活。止损就像是你付出的保险金,你不会全军覆没的,你可以在收盘后重新规划,重新思考。

想象一下,如果你没有设置止损,你有可能在一瞬间破产。就像你认同保险一样,资金管理系统是做生意的成本。你可以试着把资金管理看作是保险和做生意的成本,这样也许你就能明白它的深刻含义和价值了。

交易者和投资者的保险条款

对你日常生活有利的保险条款对交易者和投资者也有用。采用资金管理系统会占用你的部分时间和金钱,但是这些成本能够增加你的优势,就像你每个月交保险费是为了保护你的生命一样。

我们列出了一些常见的保险条款。如果你能看出这些条款如何让你免于灾难,那么你就能明白资金管理能够让你避免金融市场中的内在风险。

- 车辆保险:车辆发生事故被撞伤后能得到维修和替换赔偿
- 房屋保险:房屋发生意外和灾难后能得到维修和替换赔偿
- 医疗保险:生病后能得到治疗和例行的体检
- 人寿保险:当深爱的人去世后,如果这个人是家里的顶梁柱的话,这个家庭还可以用保险金继续生活下去
- 残障保险:如果一个人因为身体或并发症的影响而不能工作了,

他就可以通过保险金获得必要的生活费

有了保险计划，你就会让自己免于最坏的境地。你控制了风险，就能保证自己不会受到灾难事件的影响。这意味着你不会彻底破产，你总有一天会回到市场的。

如果你受到了意外、疾病或账户资金缩水的影响，你当然需要从不安情绪和金融损失中恢复过来，但止损能防止你破产。

亏损的"AMAT"交易

多年前，我在交易"应用材料"这只股票，它的代码是AMAT。我下单后，它完全超出了我的控制，反向而去。这是我得到的最昂贵的教训，不过它也教会了我如何控制风险和愤怒。

在日线图上应用材料振荡了相当长的一段时间，关于这只股票的新闻都是负面的，所以我分析它要下跌，可以做空，我是通过卖出看涨期权做空应用材料的。到了第二周，应用材料开始了过去3个月以来的最大的上涨行情。

我没有平仓。我是这样分析（或者是幻想）的，这次上涨会很快结束的，然后就会大量卖出。我的预测分析是看跌的，没有任何新闻证明价格应该上涨。

所以我继续持有仓位，并让自己平静下来了，期望仓位没事。到了下一周，我目瞪口呆地看着应用材料疯狂上涨。这只股票在当年从来没有这么强过，此时我感到了恐惧和焦急。

账面已经亏了2.5万美元，我不知所措。我想平仓，但又不想亏损太大。似乎唯一的选择就是继续持有仓位。此时我愁云惨淡，不知如何决策。

到了第三周，市场还在继续上涨，周五这天我极度焦急。我无法忍受继续亏损下去带来的痛苦，一秒钟都受不了了，我就平仓了。我在3周内仅一笔交易就亏了3万美元。

我很愤怒，我想找市场算账，尤其是报复这只股票。所以我立即做多。第二天趋势反转，到了下一周我的多头仓位亏钱了。最终我平掉了多头仓位，亏损了 2000 美元。我在金钱上和情绪上都被压垮了，交易的乐趣消失殆尽。我在 4 周内亏了 3.2 万美元。

我休息了一段时间，然后重整旗鼓。当我恢复了正常情绪以后，我分析了我的交易。我花了一段时间才能做到冷静客观地分析这笔交易。最终发现，如果我采用了止损，那么我的亏损是很小的。我应该可以明显地看出新的上涨趋势正在形成，我就会早点进场做多。

使用止损能让我保持客观并能控制住自己。从这点来说，我明白了利用止损和合适的交易量是风险控制的关键。AMAT 的巨亏加上对心理的摧残让我在更深的层次上明白了风险控制的重要性。有人说一个人如果没有大亏过，他是不会彻底理解风险控制的。如果你还没有巨亏过的话——我希望你在听了我的故事以后就不要去体验巨亏了。市场就是金融大学，有时候它收的学费不比哈佛大学、哥伦比亚大学或耶鲁大学少。

交易低价股结果股票破产了

这笔交易也是在多年前做的，对我来说也很有趣。当时的分析师和我订阅的业务通讯邮件都说这只股票是最好的低价股。当时股价是 75 美分左右，所以我买了 3 万股，总价值 2.25 万美元。

我是这样分析的：推荐这只股票的业务通讯邮件对这只股票做了深入的分析。跟踪这只股票的分析师只对这只股票做出了好的评价，没有差的评价。股票当时的价格在 52 周最低点，它还能往哪里跌？我并不贪婪，只要股价涨到了 1 美元，我就卖出兑现利润。因为这只股票很便宜，我想就没有必要设置止损了。故我准备一直持有到 1 美元再卖出。

这只低价股在第一周上涨了，我欣喜若狂。我已经有利润了——那份业务通讯邮件确实很会选股啊！大约一周后，它慢慢地跌回到了我的进场价。当时我想，跌回到成本价没什么好担心的，这只是第一次上涨的回调，第二次上涨一定会到 1 美元的。

2 周以来，股票在 62 美分到 80 美分之间振荡，然后轰的一声——新闻说这家公司的 CEO 要辞职了，这家公司资金快要断裂了，股价跌到了 30 美分。当时股票的流动性已经很差了，即使我想卖出，也不能保证能把 3 万股全部卖掉。我当时想也许这只股票会反弹的，所以我无动于衷。长话短说吧，这只股票所在的公司最后破产了，我的 2.25 万美元全部亏掉了。

我得到的教训是：任何一笔交易或投资都是有风险的；一定要在流动性好的市场交易，这样你才能控制好风险；当然了，股价有可能会下跌——甚至跌到 0，所以永远要设置止损。

此时我开始开发系统并对系统有了信心

我早年的这两次交易让我不但经历了亏钱的痛苦，情绪上也很苦恼，我下了决心，一定要开发一个优秀的资金管理系统，让我从此走上正道。

这两次亏损让我在内心确实相信了风险管理是持续成功的关键。也许你有全世界最好的系统和方法，也许它为你赚了很多钱；但是一旦你做了几笔亏损的交易，可能就会前功尽弃。

是的，我现在是安心乐意地接受了资金管理，这个信念让我对自己开发的系统有了信心。多年来我的系统已经证明了，如果你没有系统或者是系统不太好，那么你迟早会遇到大亏的；而优秀系统的一些小亏是可以接受的。

今夜加州山火肆掠

当我写到这里的时候，桑塔安娜风正以每小时约 113 公里的速度（差不多是飓风了）吹过外面的棕榈树。我们住在加州的圣迭哥市，此时有 17 个不同的山火在本州肆掠，这是有史以来最严重的火灾。

大自然母亲很强大且无法预测（很像金融市场），今夜她很无情。我们暂时没有撤离，因为我们住在峡谷的山顶上，所以我们能坐在前排"隔岸观火"，也就是说我们能提前知道山火的前进方向。目前山火在约8公里远处，在漆黑的夜晚狂暴地发出了橙色的火光。

目前还无法知道山火会不会烧到我们这里来（像市场一样，这是无法预测的），但是附近居民已经在车上装满了床铺、食物、饮用水、衣服和小孩的玩具。大风有可能会改变方向，有可能会加剧，有可能会减弱。就像市场一样，我们无法知道山风的具体方向，最好的应对计划就是明确它现在所在的位置，不要去预测未来。

我们已经做好了最坏的准备，如果房子被烧了，我们也能把损失控制在最小的范围以内。这意味着给房屋买保险是必要的，给车子买保险也是必要的，如此一来，当火灾来临时，我们可以在以后重建家园。

我的妻子简需要在夜间轮班观察山火，我们已经商量好了，我们都必须撤离。这听起来像是止损，是不是？只要我的家人都是安全的，金钱上的损失都是次要的。4年前我们在"雪松火灾"中幸免于难，这次我们有了经验。可惜雪松火灾摧毁了我们这个地区，也就是圣迭哥市邮政编码为92131的地区，火灾前这里有1200户人家，当英勇的消防员扑灭火灾以后，经清点，有三分之一的房屋被烧毁了，也就是半径约11公里之内的400户房屋——消失了。

我们所在的街道安然无恙，我们很幸运。但是这件伤心的事影响了很多朋友。有个地区（和我们不同的邮政编码地区）有1000户房屋被烧毁了。没错，90%的家园又重建了。

关于山火，有一点特别值得注意，那就是它好像有自己的想法。山火甚至能创造出自己的天气系统和风向。雪松火灾后，如果你去看看那个地区的情况，你会发现山火的痕迹似乎是随机的，比如，山火烧毁了一排房屋，但中间却有一户房屋丝毫未损。

有人能解释为何这栋房屋没有被烧毁吗？没人能解释，消防员也无法解释，他们只能说山火的走向是随机的，有时候山火的走向完全是没有逻辑的。山火的走向没有逻辑，这点再次说明了它们和市场有相似性。

当我写作本书的时候山火就爆发了，怎么这么巧啊！大自然母亲和市场非常具有相似性，它们都是强而有力的，且无法预测的，但都是可以管理好的。我之所以提到了山火，目的是为了说明我们每天都会遇到风险。有些风险是灾难性的，但是它们的性质和日常生活中的风险是一样的——交易也不例外。

编辑的注解：作者的房屋在"2007年的大火中"幸免于难，但是这场火灾的破坏性太大了，加州通过911电话宣传系统宣布进入紧急状态：疏散了50万人（有史以来最大的疏散）；1700户房屋和建筑被烧毁了。

风险——本书和交易研究的就是风险，也就是用自己可以承受的风险去赢取利润。想持续一致获利的唯一办法就是有一个系统，从而管理好你的风险并有效地评估风险。所以你现在的问题是，你是不是确信需要一个资金管理系统？如果你的答案是"是"，那么你就要设计一个优秀的资金管理系统以确保利润并避免破产的风险。

第03章 阴和阳

我们这个世界是由相对的事物构成的，比如阴和阳、黑暗和光明、软弱和强壮。这些相反的事物每天都在影响你的交易心理。了解这些相反的事物能够帮助你认识交易潜意识的力量。因为这些力量是潜意识状态的，需要通过内省的方式才能看到它们并了解它们。随后，你要通过自省的方式确认你的潜意识力量，看看它们是如何影响你的交易心理的。你在这方面了解得越多，你越有可能成为优秀的交易者。

聚焦于你的优点并调整你的弱点

我们每个人都有优点和缺点，最自大的人也不例外。如果说你不是自大的人，那么我们建议你同时审视一下你的优点和缺点，这样你在使用系统的时候就能强化你的优点并防止你的弱点阻碍你成功。

审视自己的弱点有几个目的，一是弱点可以变成优点。比如，如果你总是有恐惧感，你可以把精力集中于研究如何做好进场准备；一旦你有了信心（小成功了几次），这方面的技术（恐惧心理激起的）会成为你的巨大优点。

另一个目的是发现我们的思维很神奇。你可以重组某些思维过程以改变你的信念系统，甚至改变你的弱点。人们可以使用特定的技术重新规划自己的思维，不过并非是样样都行。

比如，假如你的弱点之一是焦虑，焦虑导致你无法执行自己的系统。你可以通过重组思维的方式减少焦虑，如果可能的话，你可以采用放松技术；或者是调整你的交易系统，让你的系统不要那么激进。有了这些行为调整，也许焦虑就消失了，你就再也不必受它的困扰了。

当然了，优点就是另外一回事了。也许你知道自己的优点是什么。也许你的电脑技术很强，你可以轻松地研究技术图表。把这个技术当作你的优势，把它溶于你的系统。也许你的基本面分析能力很强——同样，请把这个优势溶于你的系统。

合理地利用你的优点和弱点能够形成风险心理，这样你就能更加有效地持续地使用资金管理系统。

定义阴和阳

中国人的阴阳哲学基本上说明了宇宙的两个相反面，比如强和弱。这些相反面很有意义，这个哲学认为没有任何事物是100%的黑色或100%的白色，黑和白自然地混在一起（所有事物都是如此）并形成和谐的盘绕形状。

图3.1是阴和阳的图形，它显示了一个小的白色圆圈漂浮在黑色区域，同时一个小的黑色圆圈漂浮在白色区域。这个信念认为任何元素中间都有一些相反的元素存在。书中或电影中的人物并非都是作奸犯科的，也并非都是除暴安良的（也许肥皂剧是例外），人物性格多样化才更有趣。中国人认为宇宙就是这样：没有100%的黑或白。

如此说来，阴和阳并非指好或坏，它们只是相反的两面而已。这和你的优点或弱点很相似，它们并非是绝对的好或坏。作为交易者，接受自己也是一个很有价值的过程。

第 03 章 阴和阳

图 3.1 中国的阴阳表明了相反事物的和谐

这意味着如果你想取得持续一致的成功,你就要保持协调和平衡。比如,赚钱时兴高采烈和亏钱时气急败坏对你的交易都不利。让你的各种情绪保持协调——这样才能产生最好的收益。

比如,当我多年前两笔交易大亏时,我当时认为这是最惨的事了,我很愤怒。但中国哲学告诉我这只是黎明前的黑暗,所以我采用了优秀的资金管理系统并一直使用到如今。我现在不会大亏了,客观地说,这两次大亏是催化剂,它们促使我开发了一个赚钱的系统。我对以前亏损的态度有了180度的转弯。

请看表3.1,这张表表明这个世界上有很多相反的事物都是和谐存在的。黑暗和光明;软弱和刚强;下跌和上涨;熊市和牛市;这些相反的事物相辅相成,少了其中一个,另外一个也就不存在了。

表 3.1 阴和阳的表格

阴	阳
缺点	优点
下跌	上涨
熊市	牛市
被动	主动
月亮	太阳
黑色	白色
黑暗	光明
软	硬
冷	热
安静	吵闹
顺从	支配
偶数	奇数
内部	外部
水	火
大地	天空
女性的	男性的

我之所以列出这个表格，目的是让你不要担心自己的弱点，更重要的是不能因为自己的优点而骄傲。我们应该合理地利用优点和弱点并提高自己的业绩。了解自己的个性特点能够让你处于有利的位置。通过自省，你能够形成一种阴阳心理，这样你就能正确地对待自己的优点和弱点并让它们保持协调。

在金融市场的成功并非仅仅是依靠一个有优势的系统，更重要的是要了解自己。这种认知会让你拥有交易者的思维。

对阴阳的看法

当你第一次看到表 3.1 中的阴阳对比时，也许你会自言自语地说："左边的都是弱点，右边的都是优点。"这句话表明了你的看法。实际上人的特点并没有绝对的好或坏，有时候弱点能变成独特的个人优点。这完全取决于你对这个世界的看法。

中国的哲学并没有宣扬好或坏，它只是强调相反事物的和谐。比如，被人们认为是弱点的唯命是从的被动性格在交易场反而是优点。在交易界，人们常常说女性交易者的业绩要比男性交易者好。这是因为女性交易者的天性就是被动地跟随市场，而不是迫使市场为她们带来利润。

另外一个有趣的现象就是阴比阳强。水属于阴，它比属于阳的火要强，这是因为水能灭火，所以力量更强。我们讨论这些哲学的目的是让你更好地认识自己。

请记住，这个世界上没有绝对的黑或白。只要你用心思考，认真对待，弱点也会变成优点。这完全取决于你，你对待这些内在特点的方法决定了结果如何。

确认你目前的优点和缺点

现在让我们看看自己的优点和缺点分别是什么。不要把你 10 年前的特点算进来，也不要把你想拥有的特点算进来，我们只考虑现在的特点。这个练习能够帮助我们开发自己的系统。

目前的优点

- 电脑技术强
- 有风险管理系统
- 正在使用经过检验的交易系统

- 有能力确认变化中的市场周期
- 分析技术强
- 有纪律
- 数学能力和财务能力强
- 注意细节
- 有解决问题的能力
- 有行动力
- 有能力在应该观望的时候保持观望的态度
- 不会焦虑
- 耐压
- 不愤怒
- 稳重
- 有自尊
- 渴望提高技术
- 享受过程
- 灵活
- 乐观
- 现实的风险回报目标

目前的缺点

- 不懂电脑技术
- 没有风险系统
- 没有经过测试的交易系统
- 没有能力确认变化中的市场周期
- 没有纪律
- 容易愤怒
- 过分高兴
- 过分焦虑
- 过分贪婪

- 过分恐惧
- 没有行动力
- 容易冲动
- 自尊心不够
- 遇到压力时手足无措
- 过度交易
- 业绩不行
- 漠然
- 死板
- 悲观
- 控制不好风险
- 对风险（和刺激）上瘾
- 不现实的风险回报目标

确认了优点和缺点以后

一旦你确认了自己目前的优点和缺点，你就要开始决定如何消除一些缺点并增加一些优点。

有些特点很简单，你能自己判断其重要性，也许你现在还没有资金管理系统，但这正是你阅读本书的原因，不是吗？所以一旦你有了自己的风险系统，你就已经把缺点变成了优点。

请记住，优点和缺点都是相对的。比如，有一点恐惧和贪婪其实是好事。只要你没有被吓倒，适当的恐惧能让你尊重市场的力量。适当的贪婪也不是坏事，它会激发你寻找更赚钱的方法。你所要做的就是尽量保持平衡，感到很舒服，不失控就行了。

每年检查一次自己的优点和缺点。如果你发现有些特点是自己改不掉的，那也没关系。你的目标是尽量增加优点，减少缺点。有时候，你能把缺点变成优点。

第04章 风险心理和"交易者的思维"

每个伟大的交易者都对自己的心理有深刻的理解。每个人的交易心理都会影响他的进场和出场,也就是说他无时无刻不在和心魔斗争,这些心魔可以是恐惧、贪婪或后悔。不管心魔是什么,只要你尽早形成"交易者的思维",你就能快速战胜心魔,你就会更加成功。

每个交易者从新手到大师的一路上都要关注交易心理。交易者每天都会遇到各种挑战,每天都会遇到独特的形成交易者的思维的机会。也许资金曲线的严重回撤就是为了测试你的意志,或者是市场在考验你。交易心理的增强能够让你成为成功的交易者。

我们称之为"交易者的思维"

有些性格特点能够帮助交易者和投资者在市场中获得持续一致的利润。有些人的性格特点是天生的,其他人则需要培养这种性格特点,这也许需要一段时间。

当你形成交易者的思维之后的感觉

1.不关心钱

2.接受交易和投资中的风险

3.同等接受赚钱和亏钱的交易

4. 享受过程

5. 没有被市场欺负的感觉

6. 总是想提高技术

7. 随着技术的提高账户的利润在增加

8. 思维开放，平等对待各种观点

9. 不愤怒

10. 总结每笔交易

11. 只使用一个系统，不受市场和其他交易者的影响

12. 没有必要征服或控制市场

13. 有信心，有自控力

14. 不迫使市场

15. 只承担承受得起的风险，用自己的资金交易

16. 对所有的交易结果自己负责

17. 在交易时能保持冷静

18. 有能力面对现实

19. 不在乎市场的方向

20. 顺势交易

15个毁天性的交易心理及其原因

下面列出了15个妨碍形成交易者的思维的心理，你可以把它们当作是解决问题的参考手册。如果你的资金曲线发生了回撤，你可以参照这个列表看看自己是否有什么不良习惯或是否出现了新的不良习惯且自己不知道。如果确实有不良习惯，那么你就要寻找对策以提高业绩。

这个列表并不完整，很多问题并没有出现在这个列表中。如果出现新问题，你可以在笔记本写下"个人的障碍"，这样你就能自己找到解决方案。

1. 害怕止损，害怕亏损。 通常的原因是交易者害怕失败，不敢接受

亏损。这样的交易者自尊心比较强。

2.提前平仓。一旦平仓，就不会焦虑了；而焦虑的原因是害怕仓位反转。交易者需要快速得到慰藉。

3.一厢情愿。交易者不想控制交易，也不想对交易负责。交易者没有能力接受现实。

4.亏损后恼怒。感觉被市场陷害了。对特定的某笔交易一厢情愿。成功时沾沾自喜，或要求市场证明自己是对的，这都会导致亏损。

5.用自己亏不起的钱或借来的钱做交易。把某笔交易当作是最后的救命稻草。想成功或害怕错过机会的交易者都会掉入这个陷阱；不遵守纪律和贪婪的交易者也会掉入这个陷阱。

6.向下摊平成本。交易者不承认交易是亏损的并希望回本。这样的交易者自尊心比较强。

7.冲动性交易。交易者容易激动，容易上瘾，喜欢赌博，这种交易者凭直觉做交易。当没有交易的时候——比如周末——他们就坐立不安，他们痴迷于交易。

8.赚钱后欣喜若狂。交易者喜欢沾沾自喜，以为自己"能控制"市场。

9.账户资金无法增值——利润很少。在这种情况下交易者没有赚钱的动力。通常这是不够自信等心理原因导致的。

10.不遵守自己的交易系统。交易者不相信自己的系统真的有用，或者是没有认真做测试。也许这个交易系统不符合你的个性，也许你需要的是交易时的刺激，也许你认为自己无法找到成功的系统。

11.过虑——过度预测交易结果。交易者害怕亏损、害怕犯错，结果是手足无措。完美主义者容易出问题。完美主义者希望要确定的结果，但是确定的结果并不存在；他不知道亏损是交易的一部分，他不知道结果是未知的；他不接受交易的风险；他不接受未知结果。

12.交易量不正确。交易者梦想这笔交易会赚钱，忽视了风险，忽视了资金管理的重要性。也许交易者不想为风险负责，或者是太懒了，不想去计算合适的交易量。

13.过量交易。交易者想征服市场。原因可能是贪婪，亏损后想报复市场。这点和冲动性交易很相似，请看第7点。

14.害怕交易。没有交易系统。交易者对风险和未知结果感到不安。交易者害怕亏光了，害怕被人嘲笑。也许交易者需要自控力。对交易系统或自己没有信心。

15.在非交易日急躁不安。因为愤怒、恐惧和贪婪等心理的影响，交易者情绪起伏不定。交易者过分关心交易的结果，并没有研究交易的过程和相关技术。交易者太关注于金钱了。期望值过高，不现实。

如果你发现自己有其中的一些缺点，请尽快改正。当你在测试一个新方法时，你时不时会遇到新问题。你要确认这些问题，正视这些问题并做出相应的调整。关键是要做到自我察觉，这样就能保持利润率。

镜子和墙上的镜子

自己对照一下（镜子），看看你是否有上面所讲的15个毁灭性的交易心理问题。这个过程和确认自己的优点和缺点（第03章）很相似。我的目的是让你更好地了解自己，并知道如何解决问题。

有些问题和设计你自己的资金管理系统有直接的关系。比如，如果第12点让你感到有困难，那么你在第10章会知道如何处理这个问题。

请特别注意你可能会犯的错误，当你完成了自己的资金管理系统以后再重新阅读本章，看看你已经改正了哪些错误。

这15个问题都会阻碍你形成交易者的思维，所以你要认真对待这些问题。当你解决了这些问题了，你就能接近于佛教所说的无忧无虑的境界——也就是交易者的思维。

个人的障碍

请在下面的空白处写下阻止你成功的障碍。如果有任何一条给你带来了麻烦,请写下来并详细说明你要如何克服这些障碍。如果是上面 15 条之外的问题,那么也请写下来,这样你就会在内心思考如何解决这些问题。

☐ 障碍和解决方案

_____
_____
_____

☐ 障碍和解决方案

_____
_____
_____

☐ 障碍和解决方案

_____
_____
_____

☐ 障碍和解决方案

_____
_____
_____

你的最终目标就是进入无忧无虑的境界

无忧无虑的境界指非常宁静和幸福的状态，请你把它作为你的目标，它一定会成为现实的。而且，获得交易者的思维就是指实现富裕、宁静和幸福。仅仅是写下你的障碍这个动作就能让你离无忧无虑的境界更近一步。

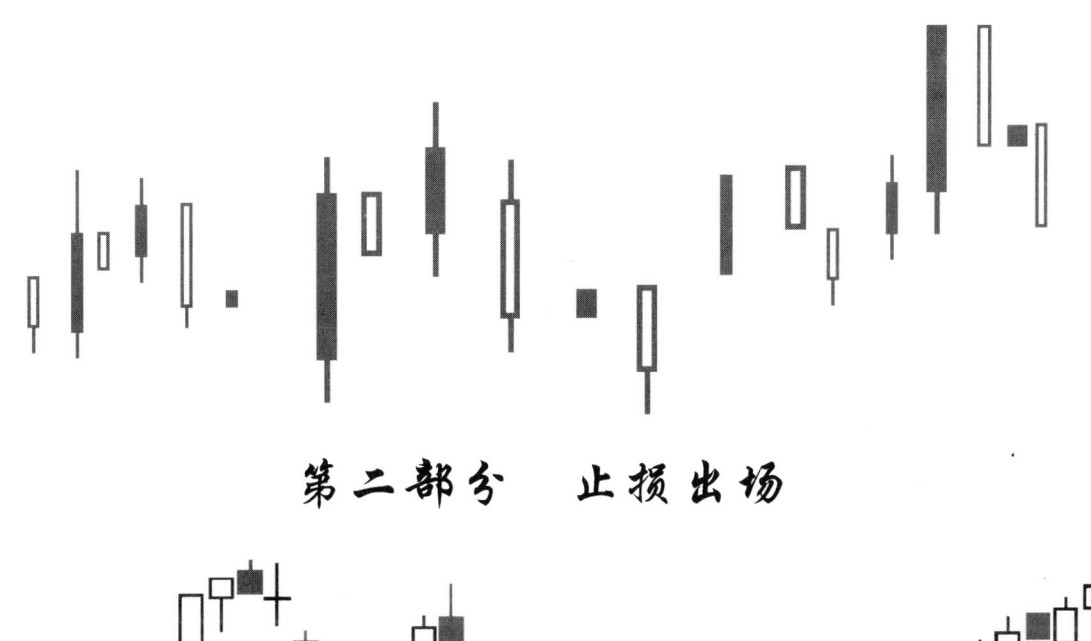

第二部分　止损出场

第05章　并非每笔交易都会赢利

我们这个星球上并没有100%的完美这回事——人为因素的出现更不会有100%的完美。考虑到交易的现实也是如此，我们需要对不可避免会发生的事做好防范准备。不可避免的事包括亏损、资金曲线的回撤、交易时的跌宕起伏。你能提前预测到顶部并享受随之带来的好处吗？这取决于你如何管理的风险并面对并非每笔交易都会赢利的现实。

赌场就知道并非每个牌局都是赌场赢；实际上他们都不知道哪个赌局会赢，哪个赌局会输。但是他们知道长期而言他们相对于客户是有优势的，这个优势会让他们赢得多，亏的少。这就是概率游戏，交易也是如此。

把明显的事夸大了？

当你看到了本章的标题后，也许你会问自己："他说的不是很明显的事吗？"也许这是很明显的事，但值得重视。不同经验水平的人对这个说法有不同的理解。

大师们对亏损的理解比较深刻。他们理所当然地已经知道了自己胜率和相关统计数据。他们已经形成了"交易者的思维"，拥有超级的交易心理和信心。

但是，即使是大师，他们有时候也会忘记"并非每笔交易都会赢利"这个事实。当他们一笔又一笔地连续赚钱时，他们也许会暂时忘了这个事实。当大师们认为自己所向披靡，战无不胜时，他们也会成为市场的牺牲品，此时他们也会变得不堪一击。

我们都是人，无论我们多么专业、多么会赚钱，我们都不要忘了交易的心魔——不要忘了每笔交易都是有亏损的风险的。

也许最糟糕的事情就是在一开始的时候连续多笔交易赚钱

新手一般需要一段时间才能明白并非每笔交易都能获利，他们不可能每次都是对的。有时候投资者刚开始交易就连续多笔交易赢利，他们就理所当然地认为自己知道了快速致富的方法，这是最糟糕的事情。

作为新手，道路都不是一帆风顺的，他们可能不会计算止损，或者根本就不设置止损。他们的投资组合可能承受了太大的风险，一旦赚钱了，他们会以为自己所向披靡了，但这是虚假的安全感。

你能看见过很多人会做这样的声明（本书前面也这么说了），那就是"过去的业绩并不能保证将来的收益"。这意味着如果你大赚了几笔，这几笔赢利并不能"保证"你以后还会赢利。

市场是鲜活的实体，它会上涨，它会下跌，只要你放松了警惕，它就会教训你。所以我想给新手一个忠告：不要做白日梦，认真去赚钱，永远不要放松警惕，关注资金管理。

科技板块淘汰了很多新手

2001年科技股开始了崩跌，交易科技股的交易者如果警惕性不高的话，就会经历从大赚到大亏的过程。

很多新手在上涨的时候"轻松赚钱"；当市场发生了变化时，他们却视而不见。市场扼杀了很多自认为战无不胜的人，当这些人看见自己的账户缩水时他们才意识到没有人能在市场中做到战无不胜。

如果这样的事正好发生在了你身上，不必羞愧。犯这个错误的人很多。我的一些朋友就被市场这样袭击了，但我到多年以后才知道他们早就破产了。为了向你说明一开始就赚钱的坏处，我将和读者分享一个故事。

有一对夫妻，他们是我的朋友，1996年他们用5万美元开始做投资。丈夫负责管理账户，他使用了杠杆，购买科技股赚了很多利润。账户很快增值到了10万美元，然后又到了20万美元。

他以前并没有市场经验（这5万美元是继承下来的钱），而在这之前这对夫妻最好的投资就是买了一套房子，房子增值的很快。所以，买入了科技股后，他们并不知道如何出场。而且他们也没有做任何分散投资。也许他们认为市场一直在涨，哪怕跌了再卖也来得及，这听起来很有道理，不是吗？

一年过去了，这笔投资所带来的巨大收益自然令人陶醉。这个账户涨到了50万，然后又涨到了100万。妻子正在考虑买入梦寐以求的靓车，但是丈夫认为这笔"投资"可以保障他们的退休生活，小孩读大学的费用也没问题了。所以他说："亲爱的，再等等，很快就可以给你买车了。"

后来科技股在2001年崩跌了，他们没有及时出逃。他们认为股票不会跌太多的，他们舍不得提前出场等等。最终他们把100万都亏掉了，初始资金5万美元也亏掉了。赚了100万，又亏了100万，即使时间已经过去了7年，他们还是懊恼不已。

这个故事告诉我们一个道理，你的交易心理很关键，有时候赚大钱会影响你的理性判断。当然了，亏大钱也没什么好处，所以我们的目标是在赚钱和亏钱的时候都要情绪稳定。要稳重，不要冲动地想大干一场，尽量让自己的资金曲线持续稳定地增长。交易这门生意的关键就是持续一致性。

完美主义者的意识

如果我们现在都认可并非每笔交易都会赢利，那么完美主义者在阅读了本章之后如何改善自己呢？也就是说如果你错了，你如何面对错误？

我们有很多客户，他们是战斗机飞行员、商业航线飞行员，你能想到的职业都有。当我们和他们谈论模拟交易（就像是模拟飞行软件）、遵守交易原则（就像是起飞前的例行检查）、遵守纪律时，他们都感到很有趣，因为他们是第一次听到这些内容。

这些飞行员唯一的麻烦就是不会止损。当你在约50000千米的高空时，你是不能犯错的（或叫止损），如果你犯错了，你就会坠机。他们必须是完美主义者。

所以当他们止损出场后，他们需要重新调整自己的思维，把止损当作飞行航向的一个小修正——而不是坠机。也许止损相当于飞行时遇到的气流，只要调整飞行高度就行了。

完美主义者请记住，止损只是交易的一部分，犯错时不必万念俱灰，只要及时调整方向就行了。我们每时每刻都要记住这个道理。

学习是会循序渐进的。如果你还在起步阶段，也许你会每个月亏1000美元；当你把亏损降到每个月500美元时，你应该表扬自己。记住，任何进步都是积极的。

答案是什么？

如果我们在交易时无法做到100%的完美，那么"我们如何维持利润率"的答案就是老生常谈的"截断亏损，让利润奔跑"。这要求你遵守纪律并遵守以下8个指导原则：

1.找到一个和你的性格、能力、忍受度相适应的交易系统。

2.用你的交易系统做模拟交易（请看本书的附录C，模拟交易的艺术）以确认你的胜率和回报率（推荐系统的人说的不算，一定要自己测试）。你在设计资金管理系统的时候要用到这些统计数据。你必须知道平均一美元的亏损能带来几美元的赢利，以及胜率是多少。

3.要永远根据市场动力设置止损,不能随意决定止损额度。

4.形成自己的交易心理和信心,这样才能坚持使用止损出场原则。

5.确定合适的交易量并把每笔交易的亏损限制在2%。(对于高级交易者,请看后面的重要提示。)

6.做详细的交易记录,这样你就能每天分析你的赢利/亏损业绩。当市场周期或你的心理发生了变化时,你能很快通过系统的衰落察觉到这种变化。

7.当你的系统业绩下滑时(用资金管理系统的百分比来度量),停止实战交易,重新开始(模拟交易),看看问题在哪里?

8.当你的测试、分析和模拟交易再次证明能赚钱时,你再进场进行实战。

重要提示:对于一些高级交易者,风险大于账户的2%是有好处的。他们必须根据历史业绩统计数据仔细计算每笔交易的风险。请参看第09章,以决定你的回报率和胜率是否同意你的风险大于2%。

你必须设置止损

为了本书的写作方便,我们默认你已经有了一个交易系统,你知道何时进场。(第06章有更多的进场原则和交易系统知识。)

一旦你知道了在哪里进场,我的第一个问题是,你的系统能告诉你在哪里出场吗——在进场之前就能知道?我的第二个问题是,如果你的系统能提前告诉你在哪里出场,那么这个出场策略是根据市场动力做出的吗?也就是说,你是否根据市场情况给自己的交易一个比较恰当的"呼吸"空间以避免被来回止损?

在通往赢利的道路上，止损是必要的。我们下一步要做的事就是确定有效的止损方法以避免亏损过大。你交易的笔数越多，你要支付的佣金就越多，你的成本就越高。如果你能增加赢利的笔数（胜率），那么你的佣金就少了，如此一来可以提高你的利润率。

本书不是谈交易系统开发的，但是资金管理确实和交易系统有关系。所以你要认真地选择一个交易系统，并保证系统是高概率的，有止损出场信号，止损的次数比较少。最好的方法就是根据当前市场动力开发一个止损策略。(第 07 章会详细解释止损出场的。)

第06章　进场原则和你的交易系统

找到合适的交易系统是一个漫长的过程。每个人的选择都不一样，它更像是一种关系：你和系统之间需要协调一致。你必须相信你的系统长此以往必将获得持续一致的利润。而且你要明白没有任何系统是完美的，没有任何系统可以产生100%的胜率。

如果你的系统没赚钱，长期下来胜率和回报率都没有让你产生利润，那么你就要重新设计你的系统。调整进场和出场原则，看看是系统的问题还是你的心理问题。如果是市场周期变了，也许你就要根据新的周期做出调整。

记住，如果你没有用任何系统实战过，只知道从这个系统跳到那个系统，到处寻找"圣杯"，你是无法获利的。你不能害怕使用某个系统，更不能轻易地放弃某个系统。放弃任何一个系统都是代价昂贵的，所以一定要谨慎。

找到一个让你感到舒服和自信的系统

我们默认你已经有了一个系统。如果你没有系统，我们会告诉你在选择系统时要注意哪些参数。如果你确实有一个系统，你也可以根据这些参数看看你的系统是否需要做出调整。

系统的首要目标是要让你感到舒服和自信——如果你有这种感觉，

你迟早会赚钱的。当系统向你证明这点时，你也会向系统证明，你和系统协调工作并创造出持续一致的利润。这就是团队精神，你和你的团队同舟共济。测试系统并和系统一起工作能让你们之间建立起牢靠的友情，人的一生不就是关于友情的一生吗？

如果你已经这么做了，你需要做模拟交易，以找到系统的缺陷。如果有些交易者已经用自己的系统在实战了，那就不必做模拟交易了。你要知道你的系统长期下来的胜率和回报率。在开发资金管理系统时要用到胜率和回报率。

要想做好交易，三个方面缺一不可。这三个方面分别是你的交易系统、你的资金管理系统和你！三者之间的关系越牢固，长此以往的利润就越多。

选择交易系统时要考虑的5个参数

本书中谈到的资金管理技术对任何交易系统都适用，对基本面系统有用、对技术系统有用、对两者结合的系统也有用。然而，你的系统必须适合以下5个参数：

1.根据价格波动、关键的支撑点、关键的阻力点、成交量、波动动力、基本面原则（并非是随机的无意识的决定）定义进场点。

2.在交易前就有实际的止损出场点。

3.根据价格波动、关键的支撑点、关键的阻力点、成交量、波动动力、基本面原则定义出场方法，而不是根据亏损金额决定何时出场。

4.你的系统必须经过充分的模拟交易或实战交易，这样你才能掌握它的业绩情况。你必须知道它的胜率和回报率。（不要相信别人讲的业绩，一定要自己去测试。也不要相信电脑的测试结果，因为只有自己的实际测试结果才能说明问题。电脑测试时并没有把你的心理因素考虑进去。）

5.你必须用书面语言把你的进场原则和出场原则写下来，这样才能做到你的原则是持续一致的、明确的和可量化的。

你知道在哪里进场——但是在哪里，在什么时刻出场呢？

知道在哪里进场仅仅是开始，更重要的任务是要知道在哪里出场。从资金管理的角度来看，在进场前就必须做好出场决定。只有知道了明确的进场和出场信息，你才能算出每笔的交易量，这样才能控制好风险。

从心理的角度来说，也必须在进场前就做好出场决定。在交易前就知道了出场原则能减少你的情绪化交易，这样就能避免灾难。在交易前就确定了出场原则能够让你的水平远远超过了一般交易者。问题是，你知道在哪里，在何时出场吗？

出场策略很多。我想提醒你，千万不要说，"我亏一个点就止损"或"等我亏了2万美元，我再出场"。这些出场方法都不是根据市场动力决定的，也不是根据现实（译者注：这里的现实也是指价格和成交量等客观存在的数据）情况决定的，太随便了。故，无论你的系统是什么，一定要根据当前的市场动力设计一个出场策略。

关于ART©交易系统

为了说明这些概念，我将根据ART©来说明进场和出场原则，这个系统也叫**应用现实交易系统**。我正在使用这个系统，所以我能够讲清楚它的进场和出场策略。

你不必使用ART系统来应用这些资金管理技术。你的首要目标是明白相关的理念并应用到自己的系统中。选择什么样的系统是个人的事，关键是要找到你有信心的系统。如果你的系统并没有考虑以上5个参数，你得重新规划一下。这5个参数能防止你任意交易并保证你的系统对你有用。你需要很长时间才能对自己的系统产生信心。

ART 根据当前市场动力和现实发出进场和出场信号

我先介绍一下这个系统，我会给你展示一些图表并说明这个系统的基本理念。然后你会明白什么叫根据当前的市场动力和现实选择进场和出场原则。

请看图6.1，图6.1中是一个上涨的趋势。你在本图中会看见4个上涨三角形（右边），我给每个三角形标注了一个字母P。

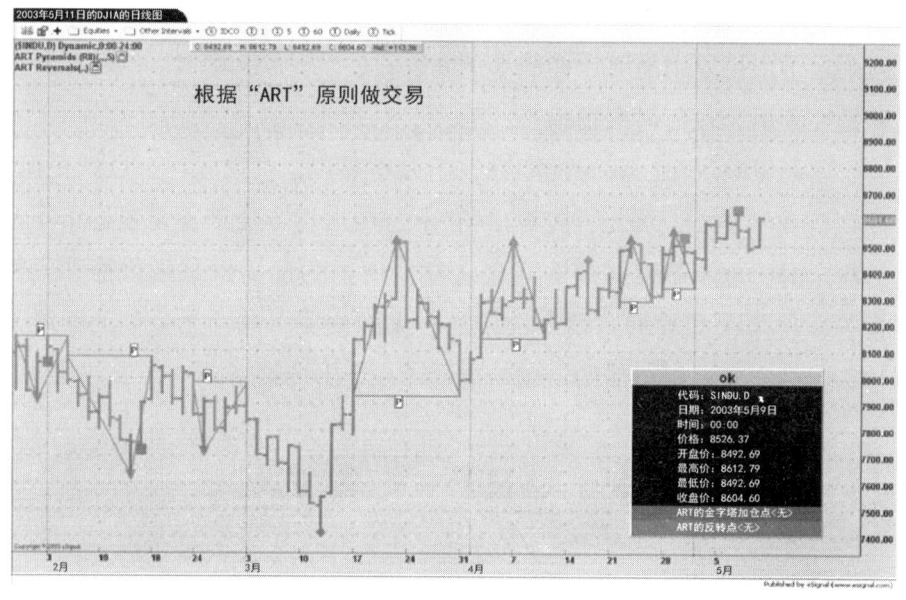

来源：www.esignal.com 网站

图6.1 ART 交易系统根据市场动力确认了进场点和出场点

这些三角形都是向上的，表明是上涨趋势。信号P代表的是三角形交易点，也就是高概率的进场点或出场点，我可以决定是否采用这些信号。

当价格高于第一个上涨三角形的顶部时进场；当价格低于第一个上

涨三角形的底部时出场。图6.2说明了这个原理。这些信号都是完全根据当前的市场动力——市场现实产生的——我有足够的"呼吸"空间，这样就不必做无谓的止损了。

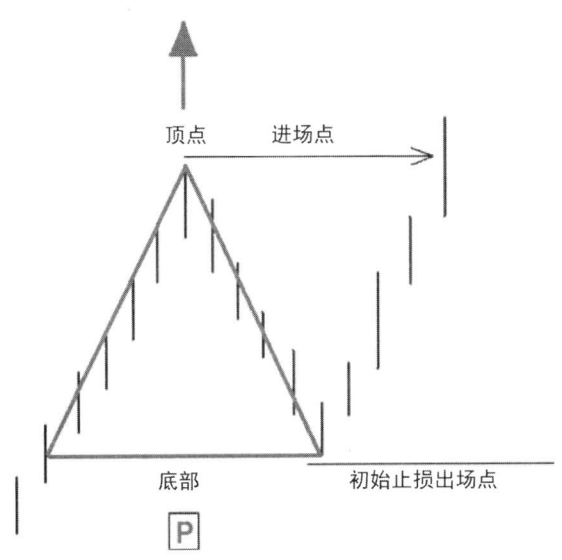

来源：www.esignal.com 网站

图6.2 看涨三角形交易点©信号能告诉你在哪里进场，在哪里设置初始止损

三角形的顶点到底部的距离就是交易风险，把这两点之间的距离换算成美元就是我的交易风险。所以再配合我的资金管理原则，我就能算出我的交易量是多少份合约或多少股。

我们在第10章会讨论这个话题，你会学到如何根据你的交易风险计算交易量。把你的账户总资金乘以2%就能算出你的交易量。

重要提示：对于一些高级交易者，风险大于账户的2%是有好处的。他们必须根据历史业绩统计数据仔细计算每笔交易的风险。请参看第09章，以决定你的回报率和胜率是否同意你的风险大于2%。

《交易艺术》是威利父子公司出版的一本书

如果你对我使用的这个交易系统很感兴趣，你可以购买我写的《交易艺术》（译者注：本书中 ART 有两个意思，一是指应用现实交易系统，二是指艺术），威立父子公司在 2008 年出版了本书。

ART 这个方法是建立在市场的"现实"或当前市场动力的基础上的。这个方法不会去预测市场。它所依据的是市场提供的现实数据。

价格和成交量是不会被曲解的，它们在任何时刻都是绝对的现实数字。我们可以根据当前市场的现实数字确定进场点和出场点。我们不是根据新闻、指标或观点决定进场点和出场点的。

《交易艺术》会告诉你如何使用 ART 交易系统，它是关于技术分析的参考书。购买《交易艺术》后你可以免费试用一个月的 ART 交易软件和数据服务商提供的行情数据。amazon.com 网站的价格应该是最便宜的，你可以上网去看看。关于 ART 系统，如果你有任何问题，都可以发邮件给我，我的电子邮件是 team@traderscoach.com。

适应变化的环境和变化的市场周期

就像每年的四季轮回一样，市场也有不同的周期。这意味着你要快速确认市场的周期情况并采用对应的交易方法。

假如说你居住在纽约市，那么你应该不会在 2 月份穿着短裤和 T 恤在第五大道优哉游哉。为什么？因为如果你在纽约住过，你就知道 2 月天气寒冷，一般人都要穿上冬大衣，戴上手套和耳罩。

市场是同样的道理。你必须"在那里住一段时间"，才能体验到市场的周期循环，这样你才能知道如何适应这个市场。你要确认市场是振荡的、横盘的、有趋势的，这样你才能相应地采用你的系统并防止被洗盘出场了。或者你有能力识别出从牛市向熊市转变的市场特征。

这和资金管理无关，但是它和你的利润率有重要的关系，而利润率关系到资金管理。所以,你不但要有一个舒服的交易系统,你还要知道市场在什么样的循环周期中。你还要知道如何正确地去确认不同的循环周期。

最后,你还要知道如何根据不同的循环周期赚钱。有效地确认市场循环周期是成功交易者必须掌握的技术。

4个主要的市场周期

市场有四种周期。每种周期所采用的交易系统也不同,根据不同的市场周期采用不同的方法能大大提高你的利润率。

1.有趋势的市场。市场持续朝一个方向移动,也就是上涨的趋势或下跌的趋势。(请看图6.3,显示了原油的上涨趋势。)

2.整固。也叫横盘振荡,价格在明显的阻力区和支撑区之间。从图表上看就像是水平振荡的线条。(请看图6.4,这是一个电子迷你市场的振荡情况。请注意三角形交易点,它们左右依次排列,方向有上有下,说明这是振荡模式。)

3.从整固区间突破。当市场至少横盘振荡了20天后,价格突然向某个方向改变。(请看图6.5,这是和图6.4一样的电子迷你市场,这个市场向下突破了。请注意图6.4中的两个"向下"的三角形是如何被确认的,两个"向上"的三角形是如何消失的。)

4.修正。在长期的市场趋势中出现的短暂的快速的反向波动。(请看图6.6,在下跌趋势中字母P所标识的三角形都是向下的。请注意用MP标识的两个修正行为,MP标识的三角形是朝上的,但这仅仅是当前趋势的修正行为,并没有改变趋势。)

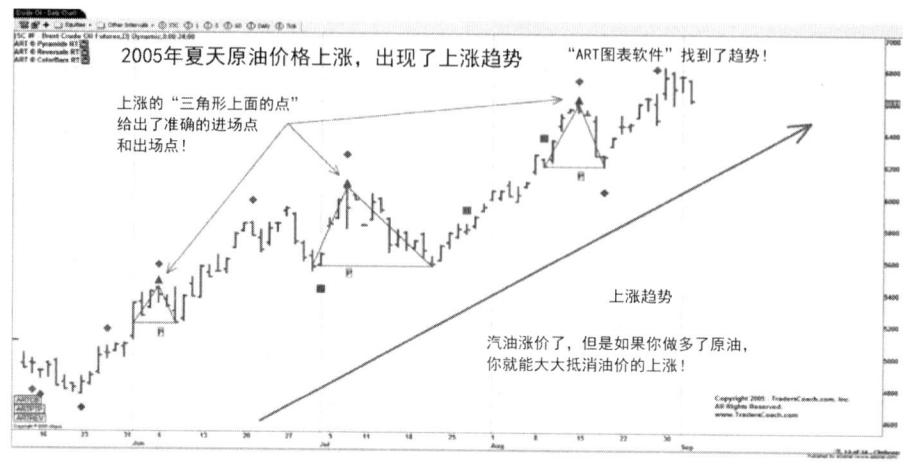

来源：www.esignal.com

图6.3　ART软件确认了一个有趋势的市场

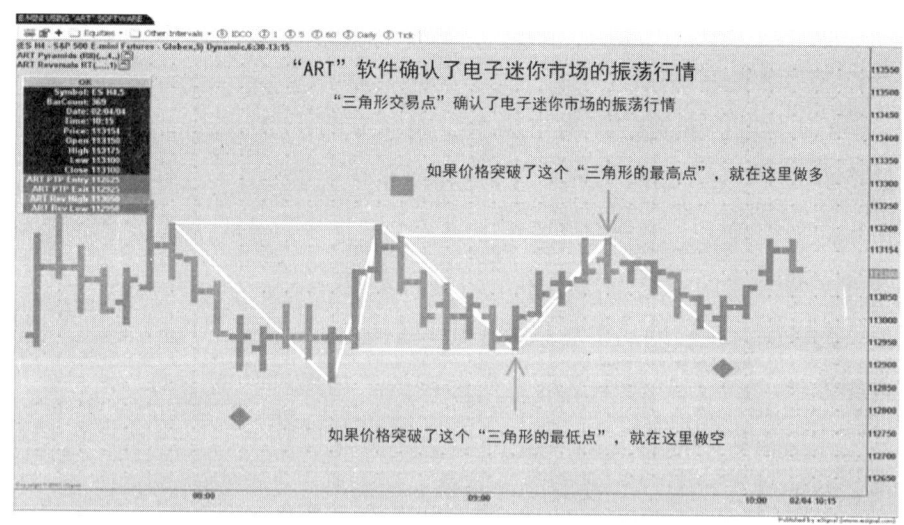

来源：www.esignal.com

图6.4　ART软件确认了一个整固的市场

第 06 章　进场原则和你的交易系统

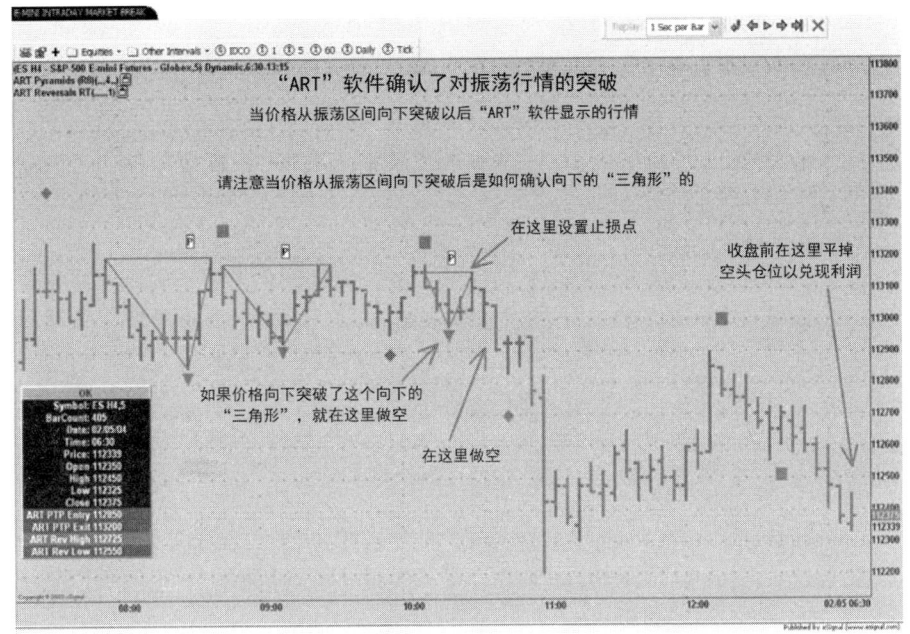

来源：www.esignal.com

图 6.5　ART 软件确认了对整固行情的突破

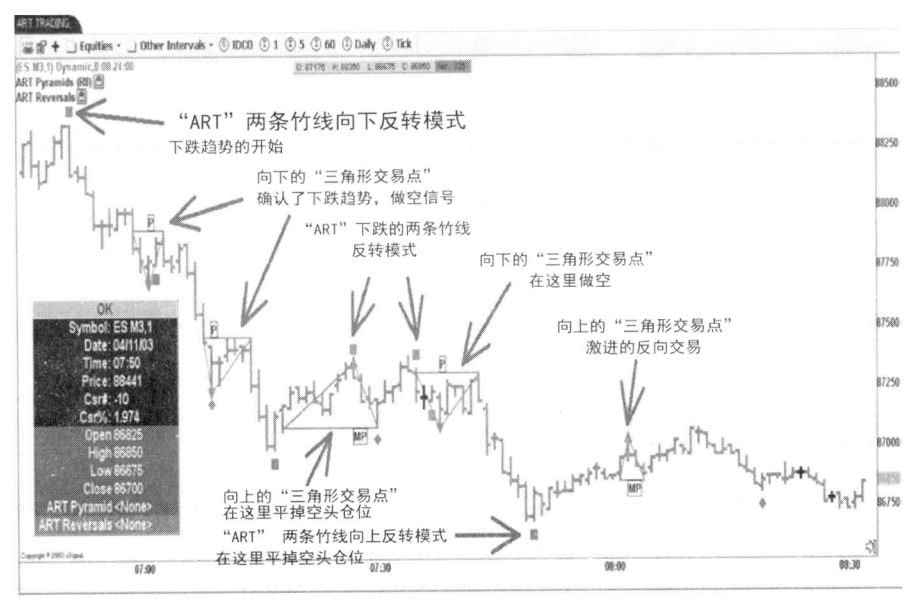

来源：www.esignal.com

图 6.6　ART 软件确认了市场的修正行为，三角形交易点用 MP 标识出来了

除了这四种周期，很多交易者还使用艾略特波浪理论来数浪，这也是一种市场周期。这个理论认为市场有 5 种浪，每种浪对应一种交易策略。艾略特波浪理论是一种高级技术，你必须彻底了解这种理论才能正确地数浪。

错误地判断市场周期——搞错了 4 种主要的周期或艾略特波浪理论——都要付出代价的。比如，如果你以为市场进入了新趋势，而实际上市场只是横盘振荡的，那么你就可能在进场后又要忙着止损。从这个角度来说，经验是最好的老师。最好的方法就是持续的观察，这样你就能提高自己解读市场周期的能力。

记住，"图表的右边"永远是未知的。事后看市场是明确的，事前则没有这么明确。预测市场则比较难，几乎是不可能的任务。所以说如果你不能确认市场的周期也不必责怪自己。

你的交易系统是你最好的朋友

有人说："一个人最好的朋友就是他的狗。"在市场中，交易者最好的朋友是他的优秀的交易系统。如果你肯花费时间和精力去开发一个赚钱的系统，它会陪伴你一生并给你带来持续一致的利润。

第07章 止损出场原则

控制交易风险的重要方法之一就是设置止损出场点。止损出场点是一个实用的管理风险的工具,采用正确的止损出场点是一门艺术。另外,你的止损点不能太紧了,否则你要不停地来回止损。相反,你的止损原则也不能太自由,否则你无法锁定利润。

解决以上问题的方法就是根据市场动力平衡这两个目标。你的止损策略能够让你在市场的高低起伏之间有足够的呼吸空间,不至于频繁止损。

交易充满了风险:风险列表

在进场前设置止损出场点的作用是在风险发生前确定最好的出场策略。如果你在进场前没有确定出场点,你等于是在和魔鬼共舞。你的止损出场点能让你防范以下风险:

交易风险。随着交易量的不同,每笔交易的风险也不同。这是你唯一能控制的风险。首要原则就是永远不要承受超过总账户2%的风险。(对于高级交易者,请看后面的重要提示。)

市场风险。市场天生的风险就叫作市场风险,我们绝对无法控制这种风险。它包含了市场中所有的风险。市场风险会让你认真计算出的交易风险变得比预想中的要大。市场风险可以比交易风险大很多。从这点来说，你永远不要用超过资产净值的10%的资金做交易。这种类型的风险包括世界灾难性事件和市场崩盘。导致股价跳空缺口的事件也可以算作是市场风险。

保证金风险。这种风险能让你亏掉的钱比保证金账户的总额还要多。由于你使用了杠杆，如果交易对你不利，你会倒欠经纪公司的钱。

流动性风险。如果你想卖出，但是却没有人买，这就是流动性不足带来的不便之处。另外，如果你像我2001年持有安然股票一样，你无法卖出，直到你持有的股票跌到了0，那么这种风险也是代价昂贵的。市场事件会导致流动性风险。

隔夜风险。对于日内交易者，隔夜风险就是担心收盘后晚上会发生意外情况，这种意外情况会急剧影响你的仓位价值。第二天市场开盘时会出现巨大的跳空缺口。（请看本章后面的"交易原则"以决定如何持有隔夜仓位。）这种跳空缺口会影响你的账户价值。

波动性风险。上蹿下跳的市场也许会让你反复止损，导致你的资金曲线出现明显的回撤。波动性风险一般发生在你的止损出场点和市场不搭调，被频繁止损。

重要提示：对于一些高级交易者，风险大于账户的2%是有好处的。他们必须根据历史业绩统计数据仔细计算每笔交易的风险。请参看第09章，以决定你的回报率和胜率是否同意你的风险大于2%。

风险是无法避免的，管理风险是一门艺术。不要害怕风险，要对各种风险做好充足的心理准备。

7个基本的止损出场点

交易系统一般会确认止损出场点。你的出场方法和进场方法必须保持一致，这种技术是需要经验的。止损方法的选择完全可以独立于资金管理，但是它们之间有关联，因此了解止损原理是很重要的。

交易系统的出场点（译者注：出场点和止损点的概念还是有区别的，前者概念大于后者，因为赢利前提下也可以考虑出场，为了照顾中国读者的阅读习惯，本书中的部分出场点被翻译成了止损点）有很多种，以下是我认为最有价值的 7 种出场点：

1.初始止损点。也就是刚开始交易时设置的止损点。这个止损点是在进场前确认的。初始止损点也可以用来计算你的仓位大小。这是你每笔交易的最大亏损。请看图 7.1，左边第一个向上的三角形是看涨的，而止损点则设置在三角形的底部，用字母 P 标识出来。

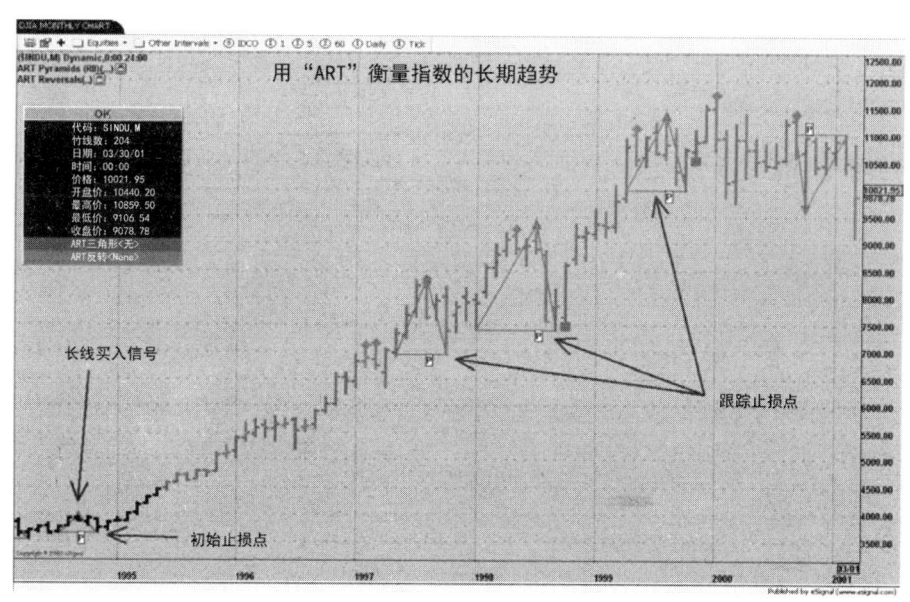

来源：www.esignal.com 网站

图 7.1　ART 软件确认了初始止损点和随后的跟踪止损点

2.跟踪止损点。跟踪止损点随着市场的变化而变化。当市场对你有利时，这种止损点能让你锁定利润。请看图 7.1 中用 P 标识的 3 个向上的三角形，这3个三角形锁定了利润，每个三角形的底部就是跟踪止损点。在图的右上边，当价格碰到了止损点时，我们就平仓出场了。

3.阻力止损点。这是跟踪止损点的一种形式，这种止损点设置在回调处。

4.3条竹线跟踪止损点。如果看起来市场正在丧失动量，你认为趋势会反转，此时可以设置这种止损点。

5.1条竹线跟踪止损点。当价格到了利润目标区时，就用这种止损。如果市场脱缰而去，你可以用这种止损点锁定利润。一般当你赚了3到5条竹线的利润是可以用这种止损。

6.趋势线止损点。在上涨趋势中在最低点画趋势线；在下跌趋势中在最高点画趋势线。当价格向趋势线相反的方向突破时，你就要止损出场。（请看图7.2）

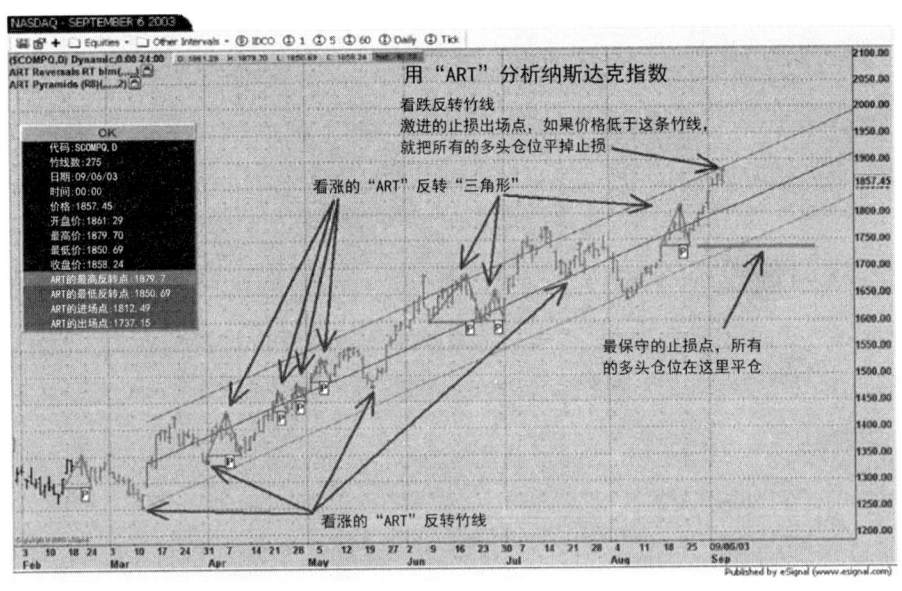

来源：www.esignal.com 网站

图7.2 趋势线止损和回归通道止损

7.回归通道止损点。用回归通道设置止损。这个方法和趋势线很相似，回归通道能在最高价和最低价之间形成通道，这个通道代表了趋势通道的宽度。止损点就设置在通道的外侧。一旦价格的收盘价在通道外侧，就止损。(请看图7.2)

其他止损点都是这7个止损点的衍生。设置止损点需要交易者的判断，判断则来自经验和交易类型。你要根据你的心理和舒适度设置你的止损点。

如果你发现自己频繁止损，或是太早出场，那么有可能是恐惧心理在捣乱。此时要尽量摆脱恐惧心理的干扰并合理地设置止损点。

要根据市场价格波动类型设置止损点，不要随意设置止损点。很多交易者喜欢把相等的金额作为止损目标，这说明他们根本不了解市场的支撑点和阻力点的意义，他们不会设置止损点。

你可以把初始止损点设置在支撑点的3%以外

我的进场点和出场点是ART交易软件决定的，使用这个软件的人都能使用这个止损方法。这个方法确实是根据当前的市场动力设置出场点的。这个方法的关键之处就是找到有意义的支撑区。你可以试试这种方法，看看是否适合你。

如果你的交易系统已经确定了进场点，但是并没有根据支撑区提供出场点，那么你可以把距离支撑点3%的价位作为止损点。比如在上涨趋势中，如果你的支撑区是26.89美元，那么你的止损点就在它下面。

公式：

支撑价格×0.97＝初始止损点

例子：

26.89美元×0.97＝26.08美元

再次说明，我并不用这种方法设置出场点，如果你没有系统，你可以尝试使用这种方法。记住，不要用等额法随意设置止损点，最多只亏损100美元或1个点的做法说明你根本没有重视当前市场状况。

另外一个值得一试的方法是在支撑点上下"一个基点"（译者注：一个基点指美国交易所规定的价格最小跳动单位）处设置止损点。比如上涨时，在支撑点下面一个基点处设置止损点；下跌时，在支撑点上面一个基点处设置止损点。

不设置止损点

如果你根本不使用止损点，你注定会失败。如果你在交易股票发生了亏损，你舍不得卖，你认为卖出就亏的太多了，这说明你已经和你的股票结婚了，然而这只股票不一定就是你想长相厮守的股票。

有些股票因为动量很好，我们可以用来做短线交易，但这种股票肯定不是我们要长期投资的股票。如果你发现自己正在祈祷某只股票反转，那说明你的交易不行。根据你的进场点和出场点，你应该很快就能知道是去还是留。

设置心理止损点

有些市场确实不适合提前下止损单。有些做市商会看见你的止损单，如果做市商看见有很多人在相似的价位设置了很多止损单，做市商就会尽力扫掉这些止损单。然后他们赚钱了，你亏钱了。

对于这样的市场，你只能心理止损，一旦价格到了你的止损点，立刻止损。你要确信有这方面的心理素质和纪律；如果你做不到，那么还是下止损单吧。

移动止损点

永远不要因为情绪上的原因而移动你的止损点，更不能移动初始止损点（请看图7.2）。如果有了新的跟踪止损点，你可以移动止损点以锁定利润。如果是加仓操作，那么要根据新增的仓位调整止损点。

如果你增大了交易量，为了控制整体仓位的风险，就要把止损点向当前仓位成本移动。（加仓会加大交易量。）一旦你这么做了，你就再也不能把止损点再移回去了，因为此时交易量变大了，需要比较紧的止损点来控制风险。

很多交易者问到根据不同时间框架如何移动止损点。这是很高级的技术。我建议最好还是在同一个时间框架内设置止损点，换句话说，如果你是根据日线图进场的，那么你就要用日线图设置初始止损点。

如果你有丰富的经验，你可以在不同的时间框架内设置止损。我认为一开始还是要学会如何在同一个时间框架内赚钱，然后再研究如何使用不同的时间框架。

隔夜交易原则

对于日内交易者，因为在收盘后总是会发生意外事件，所以存在隔夜风险。意外事件会导致开盘时的跳空缺口并让账户亏损。

比如，如果你用15分钟图交易，那么你的止损点和仓位大小都要根据15分钟图做决定。假如说在收盘前根据15分钟图来看，你的仓位是赚钱的，你决定持仓过夜。

此时要考虑以下5个原则：

1. 这笔交易目前必须是赚钱。

2. 15分钟图必须显示了明确的趋势。

3. 你必须根据日线图设置了止损点。

4. 调整交易量，根据日线图上的新止损点把风险控制在总资金的2%以内。（对于高级交易者，请看后面的重要提示。）

5. 第二天开盘时一定要紧盯开盘价。

此时你要考虑隔夜风险，你无法消除风险，但你能减少风险。

重要提示：对于一些高级交易者，风险大于账户的2%是有好处的。他们必须根据历史业绩统计数据仔细计算每笔交易的风险。请参看第09章，以决定你的回报率和胜率是否同意你的风险大于2%。

胡乱止损的缺点

即使是胡乱止损，也比没有止损好。但止损策略越好，你的利润就越多。所以为了利润，你要提炼你的止损方法，这很关键。

胡乱止损的缺点是在市场修正时被止损了，然后市场又沿着原来的方向呼啸而去。频繁止损也会导致佣金过高，资金曲线下跌。

记住，没有完美的出场点，也没有完美的市场时机。我们的目标是让概率对我们有利。只要你有经验，你就可以把各种市场知识融于你的方法中。这些经验是让你的资金曲线增长的关键。但请永远记住，在进场前就要设置好初始止损点。

市场必须呼吸，你的出场点也要呼吸

市场是鲜活的，它正在呼吸，它不会长期朝一个方向走。当它向某个方向走时，它会修正自己，继续向原来的方向走，再次修正，如此循环。它在吸气，呼气，上涨，下跌，你必须听之任之。即使是横盘振荡，它也有上涨和下跌，就像潮起潮落，后浪推前浪一样。这是它的自然表现，你必须适应它的表现。

这就是为什么在关键的支撑点设置止损点很重要。关键的支撑点表明这里有明显的市场现实，这里的成交量比较大，可以保证止损单被执行。

既然接受了市场会持续波动下去的现实，那么如何避免在赚钱的趋势中被上下波动洗出场呢？

要关注交易、成交量和波动性所代表的当前市场动力。你要确保你的系统已经把这些因素考虑进去了，这样你的止损点才能和市场一起呼吸。止损点能够帮助你防范风险，同时要给予市场充分的波动自由。

用当前的市场动力决定你的止损点

最后再提醒一下，无论你的系统是什么，止损策略是什么，千万不要用随意的等额止损法，像"等我亏了200美元就平仓"或"我的止损点就是亏损不超过1、2个点"都是不对的。随意的止损等于忽略了市场透露的重要信息。如果你善于聆听市场的声音，它会告诉你在哪里设置止损点。

要根据市场动力确认正确的止损出场点，然后再根据账户资金额调整你的交易量，其他方法都是不恰当的。

第08章　逐级平仓和逐级加仓

当市场让我快速获利时，我喜欢通过逐级平仓的方式减少压力。平掉部分赢利仓位以锁定利润，这样就不会在后面的行情中提心吊胆了。再次强调，图表的右边有神奇的力量让人变得焦虑不安。找到逐级平仓的信号可以减少决策过程中的随意性。

如果你的信号告诉你趋势很强，那么逐级加仓就能产生很多利润。我们在这里会讨论如何在逐级加仓的同时控制好风险。为了控制好风险，你要计算出合适的交易量。

逐级平仓能锁定利润并减少焦虑

逐级平仓的技术可以把亏损变成利润，减少压力并让资金曲线向上走。逐级平仓的技术可以用在趋势交易、剥头皮交易和逆势交易中。它在所有的时间框架下都有用。

在交易时给自己减压是重要的。这样你才能做好交易，不受贪婪和恐惧的影响。恰到好处的逐级平仓不但可以让你赚到更多的利润，而且能明显地减少压力。

你的初始交易量必须足够大，这样你才能体会到逐级平仓给你带来的好处。这个技术对多头仓位有用，对空头仓位也有用，对所有市场都适合——包括期货、股票、股指期货和期权。关键就是做到初始交易量足够大，且风险不大于2%。

> 重要提示：对于一些高级交易者，风险大于账户的2%是有好处的。他们必须根据历史业绩统计数据仔细计算每笔交易的风险。请参看第09章，以决定你的回报率和胜率是否同意你的风险大于2%。

你的交易量要足够大，这样当出现了逐级平仓的信号时，你才能平掉三分之一的仓位。当出现了第二个信号时，你可以再平掉三分之一的仓位，等价格碰到了止损出场点时再平掉剩下来的三分之一的仓位。

请看图8.1，这是一个下跌的趋势，其中有6个小三角形用字母P标识出来了。这个趋势很强，很赚钱。统计数字表明，ART交易系统在同一个方向连续出现4、5个同向三角形就表明趋势快到头了。

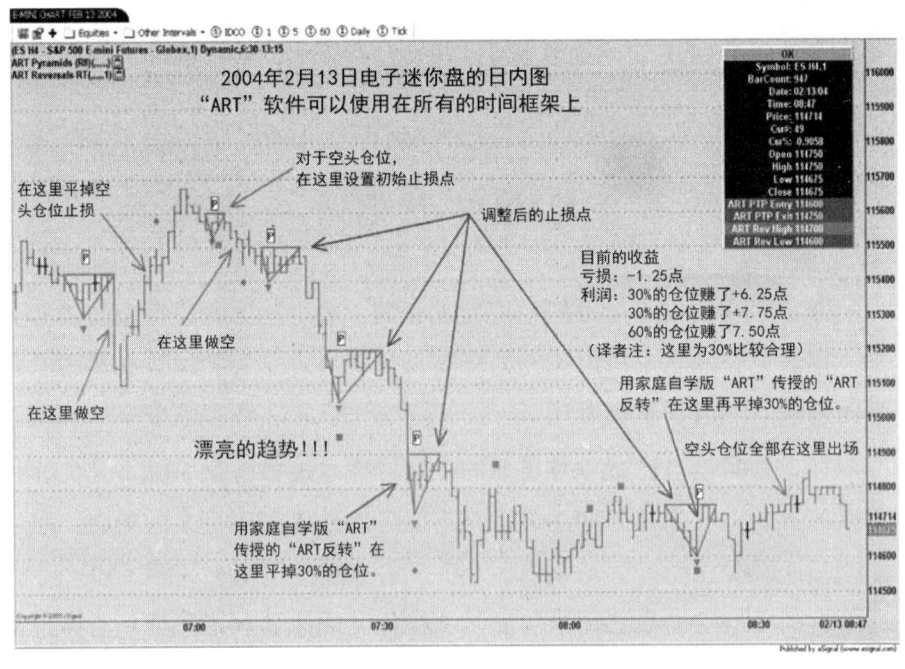

来源：www.esignal.com 网站

图8.1 当我的系统告诉我趋势快走完时我就逐级平仓以锁定利润

第 08 章　逐级平仓和逐级加仓

第 4 个向下的三角形表明趋势可能已经枯竭了。根据我的进场原则和出场原则，我并没有出场，但是很明显趋势要枯竭了，此时应该平掉部分仓位。

当上涨的趋势出现 ART 反转时，这个信号告诉我们要平掉 30% 的仓位。市场在横盘振荡，然后又出现了一个 ART 反转，所以再平掉 30% 的仓位。当价格开始上涨时，我再平掉剩下来的仓位。

图 8.2 显示了另外一个逐级平仓的例子。这个市场是双曲线上涨的，我对这种模式很敏感。在本例中，你会在双曲线上涨前看见 3 个用 P 标识的向上的三角形。

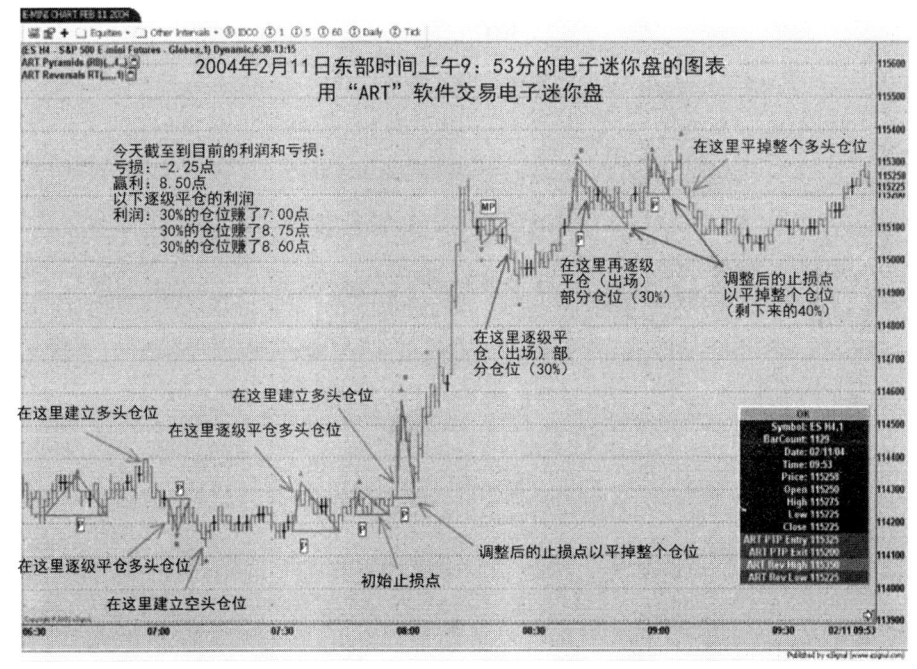

来源：www.esignal.com 网站

图 8.2　在快速的双曲线上涨后逐级平仓以锁定利润

快速上涨之后有一个用 MP 标识的向下的三角形。MP 的信号告诉我要平掉30%的仓位。然后ART反转出现了,我平掉了30%的仓位。最后40%的仓位等价格到了止损点再平仓。

图8.1和8.2说明了如何通过逐级平仓以锁定利润。这个技术非常好,可以在不同的场合下使用,你可以用你自己的系统测试一下,看看如何使用效果最好。

增加交易量并严格控制风险的两个方法

很明显,如果你只交易1份合约,那是肯定无法逐级平仓的,所以说你的交易量要足够大才能做到逐级平仓。使用这个技术至少要持有3份合约。同时,你的风险要低于2%。

重要提示:对于一些高级交易者,风险大于账户的2%是有好处的。他们必须根据历史业绩统计数据仔细计算每笔交易的风险。请参看第09章,以决定你的回报率和胜率是否同意你的风险大于2%。

以下2个方法可以让你在增加交易量的同时能严格控制风险。

1.找到一个市场,你的交易量可以足够大且初始仓位的风险小于2%。这意味着这个市场的价格便宜,这样你才能多买点期货合约或股票。

2.除了账户资金,还有额外的资金,这样可以做到把风险控制在2%的同时增加仓位。

还有一种方法就是利用期权的杠杆效应,但是你必须事先了解期权、时间价值衰落、德尔塔因素,等等。使用期权是一种特殊的高级技术,如果你不了解期货,这种方法只会让你压力变大了,风险也变大了。

用电子迷你盘的例子说明逐级平仓

以电子迷你盘为例,假如说你的账户有2.5万美元,你每笔交易的风险是2%,2.5万的2%就是500美元。你的进场点是1037.75,你的出场点是1036.25,所以你可以买入6份合约。(在本例中,每份合约的风险是1.5点,每点的价值是50美元。)如果你提前止损了,你的亏损只有2%。因此,这种潜在的风险不会让你产生压力。

只有当你的仓位赢利了,才可以使用逐级平仓。你在明显赢利的时候平掉部分仓位,这样即使后面被止损了,你还是有利润的。如果你的利润很高,你的交易量也足够大,那么你就可以再平掉一部分的仓位以锁定利润,剩下来的仓位则继续持有。

因为你已经提前兑现了利润,对于剩下来的仓位,你完全可以尽情享受它的乐趣,无论如何,你都是赚钱的,当价格到了止损点时你就平仓。请检查你的交易系统,看看是不是有反转信号,你可以把反转信号作为逐级平仓点。你可以在自己系统的基础上加上一些原则作为逐级平仓信号。

当你只交易1、2份合约时,你无法做到有意义的逐级平仓。这就是为什么大资金比小资金有优势的原因。有些市场的价格很贵,高价就限制了你的交易量。

记住,在选择市场时流动性很重要,市场的流动性必须充足,你才能成功地逐级平仓。流动性不好的市场会影响这个技术的发挥。

逐级平仓时会降低心理的压力,这样有助于长期持有剩下来的仓位。

逐级加仓并增大交易量

因为本书是谈论资金管理和风险控制的,所以需要谈论一下如何在逐级加仓时控制风险。这个技术叫逐级加仓，也叫加仓，通常使用在趋势交易中。

基本做法就是在赢利的前提下增加交易量，同时严格控制好风险。逐级加仓的目的是利用更大的交易量获得更多的利润。逐级加仓和向下摊平成本完全不同，后者是增加交易规模的一种形式。不幸的是，这也会增加你的交易风险。

如果你当前的仓位是亏损的，你又加大了交易量，你的做法就是向下摊平成本。你在亏损时加仓可以摊平成本，但是，因为初始仓位已经处于风险之中，后来增加的仓位同样也处于风险之中，你的总风险增加了。从这个角度来说，因为向下摊平成本无视初始仓位的风险继续增加风险，所以这是输家的做法。

比较好的做法是当止损点在成本之上时加仓，这么做就根本没有任何交易风险。如此一来，如果你止损了，你最多是打平，甚至还会赚一点。像这样移动止损点的方法就叫跟踪止损。

如果跟踪止损点在成本价之下，你就不能加仓。当你逐级加仓时，你要避免破产风险，认真计算交易量。当你逐级加仓后，你的总风险就是新增交易量的风险。

最后再提醒一下，虽然我们能控制交易风险，但是我们无法控制市场风险。交易风险就是根据止损点和交易量算出来的风险；市场风险则是意外事件导致的市场跳空缺口和反向行情。正因为有市场风险，我们要永远关注整体仓位的风险。

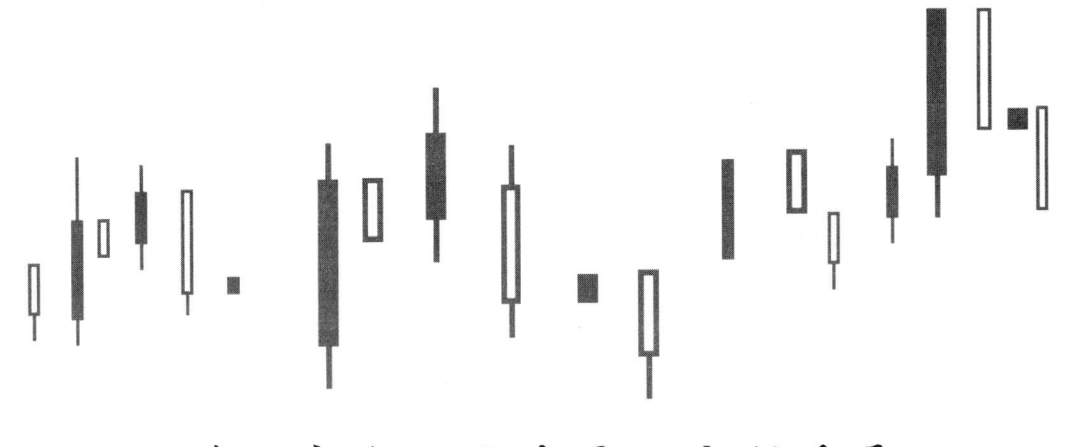

第三部分　交易量确实很重要

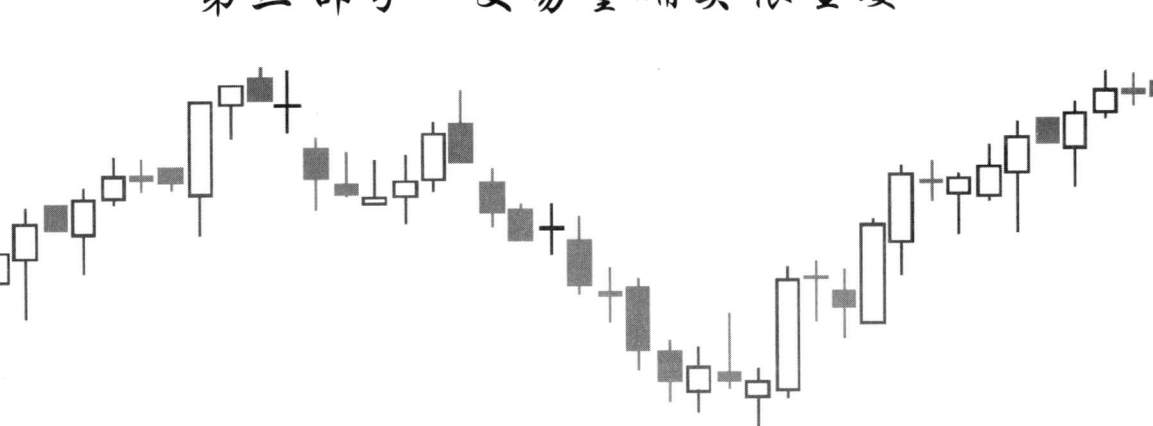

第09章 使用破产风险表和最优 f 公式

你可以有效地利用破产风险原则显著地提高你的资金曲线水平。你在本章会学到如何控制每笔交易的百分比风险，这样你的破产风险是最小的。

计算资金百分比风险的方法很多，只要你知道了胜率和回报率就能算出来。如果新手不知道这些数据是什么，那么你首先就要学习这些知识。（第11章会告诉你如何计算这些数字。）

尊重破产风险能让你生存下来

数学家和交易者对破产风险（缩写是ROR）早已做了深入研究，它是资金管理系统的基础。这个理论会根据过去的胜率和回报率用公式计算出破产的风险。

最理想的状态就是你的资金管理系统给你带来的破产风险是0（但不保证这点）。ROR数学公式是用以下3个元素算出来的：

1.胜率。这是根据赢利的百分比算出来的。比如，如果你的胜率是40%，那么交易100笔的话，你就会40笔交易赚钱，60笔交易亏钱。

2.回报率。总赢利除以总亏损。也就是1美元的亏损对应几美元的赢利——如果回报率是3∶1的话，你每亏1美元，就会对应赚到3美元。

3.风险百分比。如果你是新手，我建议你每笔交易的风险不要超过总资金的2%。你可以通过破产风险表来确定最优的风险百分比（请看瑙泽·鲍尔绍拉的《期货交易者资金管理策略》或图莎尔·钱德的《超越技术分析》第二版）或用本章介绍的最优 f 公式。

你的交易系统和你的技术能解决前面 2 个因素，你的资金管理系统能控制好第 3 个因素。当回报率增加或胜率增加时，破产的风险就降低了。每笔交易的百分比风险越大，破产的风险也越大。

重要提示：对于一些高级交易者，风险大于账户的 2% 是有好处的。他们必须根据历史业绩统计数据仔细计算每笔交易的风险。请参看第 09 章，以决定你的回报率和胜率是否同意你的风险大于 2%。

为了写作方便，我们默认你已经有了一个交易系统，且系统的回报率大于 1。你可以在图莎尔·钱德的书中找到破产风险表，瑙泽·鲍尔绍拉的书中也有相关内容：

约翰威立父子公司 2001 年出版的图莎尔·钱德的《超越技术分析》第二版中有以下破产风险表：

- 1% 的风险
- 1.5% 的风险
- 2% 的风险

约翰威立父子公司 1992 年出版的瑙泽·鲍尔绍拉的《期货交易者资金管理策略》中有以下破产风险表：

- 10% 的风险
- 20% 的风险
- 25% 的风险
- 33.33% 的风险

- 50%的风险
- 100%的风险

在作者的允许下,本章节选了部分鲍尔绍拉10%资金风险面对的破产风险表(请看表9.1)。鲍尔绍拉的破产风险表是最具体的,最容易理解的。他的书是重要的风险控制参考手册。

表9.1 10%的资金风险面对的破产风险概率

10%的资金风险面对的破产风险概率	1:1的回报率	2:1的回报率	3:1的回报率	4:1的回报率	5:1的回报率
25%的胜率	100.0%	100.0%	99.0%	30.3%	16.2%
30%的胜率	100.0%	100.0%	27.7%	10.2%	6.0%
35%的胜率	100.0%	60.8%	8.2%	3.6%	2.3%
40%的胜率	100.0%	14.3%	2.5%	1.3%	0.8%
45%的胜率	100.0%	3.3%	0.8%	0.4%	0.3%
50%的胜率	99.0%	0.8%	0.2%	0.1%	0.1%
55%的胜率	13.2%	0.2%	0.1%	0.1%	0.0%
60%的胜率	1.7%	0.0%	0.0%	0.0%	0.0%

0.0%的概率意味着账户资金不可能全部亏光,但不是绝对的。

来源:上面表格中的计算结果是瑙泽·鲍尔绍拉教授提供的。

如果你想了解更多的图表内容,请从约翰威立父子公司1992年出版《期货交易者资金管理策略》第18页开始。这本书是目前最全面的提供破产风险表格和公式的书。

这个表格很明显地说明了破产风险的概率如何从100%降到0.0%。只要你尊重了破产风险公式,做出必要的调整,你就能大大增加生存的概率。你不必是数学天才,你也不必自己计算,只要你能理解这些原则就行了。

请记住,过去的业绩并不能有效地预测未来,所以你必须长期监视你的胜率和回报率并相应调整每笔交易的风险。你可以使用第11章的公式计算你的胜率和回报率。

如果你的回报率和胜率不稳定，那么这些数字也会每天变化的，因此你需要相应地调整你的风险百分比。这将成为你资金管理系统的一部分。

瑙泽·鲍尔绍拉教授关于破产风险表的书

如果你想全面了解破产风险表的内容，你必须阅读《期货交易者资金管理策略》一书。这本书很重要，里面有丰富的信息，本书并非是专为期货交易者写的，所有的认真交易者都应该阅读本书。无疑amazon.com网站的价格是最便宜的，购买他的书肯定是划算的。

你从这本书的第18页开始能找到完整的破产风险表。回报率从1到10的结果都有；胜率从5%到90%的结果都有；资金风险从10%到100%的结果都有。

这些统计数据很全面，将是你的得力工具。记住，根据你的系统业绩相应地重新计算风险是很重要的。

检验数据

我们已经定义了破产风险的概率，现在我们需要知道我们系统的收益率是多少。我们再次默认你已经有了交易系统，且系统的长期回报率大于1。这意味着长期而言你是能赚钱的。

你必须跟踪自己的交易，并确认自己的胜率和回报率分别是多少。如果你没做过，那么就从现在开始做。你从过去的交易记录中能够找到这些统计数据——这就叫检验数据。

附录B中有一些空白的表格和分类表，它们会对你有帮助的。第13章会详细说明如何使用这些表格并计算你需要的统计数据。

检验数据之后

当你确认了你的收益率之后,你就要计算每笔交易的风险百分比是多少。在每笔交易的风险是2%的前提下有4种情况(以下破产风险的计算结果来自图莎尔·钱德的《超越技术分析》第288页):

1.**胜率是**45%,**回报率是**1,**风险是**2%,**破产风险率是**100%。在这种情况下,你可以把风险从2%降到1%,把破产风险率从100%降到52.4%——差不多一半了。下一步是把回报率提高到1.5,这样破产风险率就是0了。

2.**胜率是**35%,**回报率是**2,**风险是**2%,**破产风险率是**16%。本例比上个例子的数字平稳多了,所以只要把风险从2%降到1%,那么破产风险率就能从16%降到0.1%——几乎是0了。

3.**胜率是**25%,**回报率是**3,**风险是**2%,**破产风险率是**19.7%。比例中你的胜率很低,首要目标是把它提高到30%,这样破产风险率能降到0%。

4.**胜率是**50%,**回报率是**3,**风险是**2%,**破产风险率是**0%。这是一个高级交易者的统计数字,在这种情况下你可以冒10%的风险,而破产风险率才0.2%(请看表9.1)。记住,当你到了这个水平时,如果你的业绩统计数字出现了严重变化,一定要把交易量降下来。比如,如果你的胜率跌到了35%,那么你就要调整仓位。

这4个例子表明了如何使用破产风险表中的数字从而在市场中生存下来。(你也可以用这4个例子看看自己是否达到了高手的水平)

有时候增加风险就像减少风险一样容易,因此你需要关注胜率和赢利的笔数。另外还要注意出场点,它能明显提高你的回报率。如果你是趋势交易者,尽量长时间地持有仓位都能提高你的资金曲线。如果再创造性地优化一下,也许效果更好。

最优 f 公式能计算出最优的风险百分比

这个公式最初是由贝尔实验室的约翰·L.凯利在 20 世纪 40 年代初开发的,所以也叫凯利公式。爱德华·O.索普在赌博应用中修改了本公式中的固定下注比例,目的是为了对应平均回报率 A,和平均成功概率 P。我们在这里使用的公式要比破产风险表激进很多。

瑙泽·鲍尔绍拉教授在《期货交易者资金管理策略》按照如下方法定义了最优 f 公式:

$$f=\frac{[(A+1)\times p]-1}{A}$$

在本公式中,定义如下:

- f 是每笔交易最优的百分比风险。
- A 是平均回报率(1 美元亏损对应几美元赢利)。
- p 是平均胜率(成功百分比)。

以下是本公式的应用例子:

- f 是未知数(最优百分比风险)。
- A 是平均回报率,数值是 2。
- p 是平均胜率,数值是 35%。

$$f=\frac{[(2+1)\times 0.35]-1}{2}=\frac{1.05-1}{2}=\frac{0.05}{2}=0.025$$

要想得到百分数,把 f 乘以 100。

得到的 f 值是 0.025,也就是说每笔交易的最优百分比风险是 2.5%。

比较 f 和破产风险表

当你想追求 0% 的破产风险率时,f 提供的风险大于破产风险表。让我们看看下面的例子:

- f 是未知数
- A 的值是2。
- p 的值是40%

公式如下：

$$f=\frac{[(2+1)\times 0.40]-1}{2}=\frac{1.2-1}{2}=\frac{0.2}{2}=0.10$$

在本例中，这位交易者的回报率是2，胜率是40%，计算出来的最优 f 是10%。当我们参考表9.1时，我们会看见破产风险率是14.3%，这是一个比较小的风险，但并非是0风险。

使用最优 f 公式时，你会发现它不会算出破产率为0的结果。和破产风险表相比，最优 f 公式比较激进。当你使用破产风险表时，你可以选择特定的风险百分比以让破产风险率为0。

账户资金曲线下跌

资金曲线的下跌是正常的。因为新手不懂止损、仓位管理、风险管理，资金曲线的下跌可能会让新手破产。

连续多笔亏损或单笔亏损都会导致资金曲线下跌。做交易记录很重要，因为它能决定：

- 资金曲线最大的下跌百分比。这是最坏的结果，可以帮助你预测未来的最大亏损。
- 账户最大亏损金额。资金曲线下跌时你可以控制实际亏损的金额。
- 最大连续亏损笔数。过去系统的最大连续亏损笔数是多少笔？这个数字可以用来估计未来的资金曲线下跌状况。比如，如果你的系统最多连续亏损5笔，且你每笔的风险是2%，那么你的最大资金曲线下跌是10%左右。如果你认为这是正常的，你就会继续交易。从统计学的角度来说，资金曲线下跌之后，你就可以赚钱了。

资金曲线下跌时造成的心理影响是很大的,此时交易者会自我怀疑或过于自负,所以说形成"交易者的思维"很重要。

第 10 章 使用 2%的风险公式和合适的交易量公式

有效的风险控制要求你学点数学,懂几个公式。在最后一章你会学到如何用破产风险表和最优 f 公式找到每笔交易的最优百分比风险。本章我们会谈论几个公式,以帮助你决定正确的交易量。

要控制风险,就要控制 3 个变数

1. 进场点(在哪里进场)

2. 出场点(在哪里出场——一定要考虑市场波动性)

3. 交易量(交易多少股或多少份合约)

这是数字游戏

资金管理研究的就是数字和概率,赢利的交易和亏损的交易之间的差别可以用几个简单的公式来区分。

你在本书中会看见破产风险表、胜率、回报率和风险百分比。你可以调整这些因素,让它们对你更有利,这些都不难做到。你首先要知道调整哪些因素,这样你才能认真做好调整。有 3 个非常重要的公式能帮助你控制风险:

1. 2%的风险公式

2. 交易量公式

3.使用杠杆的交易量公式

2%风险公式

我很早就说了，单笔交易的风险不要超过2%。如果你是高级交易者，且你的风险大于2%，你就要把公式中的2%换成你选择的百分比数字。

公式：账户大小×2%＝风险

例子：2.5万美元×2%＝500美元

记住，这500美元的风险包含了佣金和滑点亏损，下面的例子会说明这点的。现在你再根据每笔交易的风险决定合适的交易量。

重要提示：对于一些高级交易者，风险大于账户的2%是有好处的。他们必须根据历史业绩统计数据仔细计算每笔交易的风险。请参看第09章，以决定你的回报率和胜率是否同意你的风险大于2%。

交易量公式

本例中，账户资金是2.5万美元，每笔交易的风险是500美元。决定合适交易量的公式如下：

公式：【风险−佣金】÷进场价和出场价的价差＝交易量

举例：【500美元−80美元】÷1.50美元＝280股

详细情况：

- 交易账户大小：2.5万美元
- 2%的风险：500美元

- 股票MSFT的进场价：每股60美元
- 股票MSFT的初始止损价：每股58.50美元
- 进场价和止损价的价差：1.50美元
- 佣金：来回80美元
- 最大交易量：280股

你的交易系统让你在60美元做多。你的初始止损点是58.50美元，价差就是1.5美元。在2%的风险是500美元的前提下，你能买多少股（交易量）？答案是：500美元-80美元佣金=420美元。然后420美元÷1.5美元=280股。

使用杠杆的交易量公式

公式：（风险-佣金）÷进场价和止损价的价差=交易量

举例：（1000美元-51.22美元）÷1.26美元=753股

详细情况：

- 交易账户大小：5万美元
- 保证金杠杆：150%
- 交易账户大小（使用杠杆）：7.5万美元
- 2%的风险（根据5万美元计算）：1000美元
- IBM的进场价：每股91.49美元
- IBM的初始止损价：每股90.23美元
- 进场价和止损价的价差：1.26美元
- 佣金：51.22美元
- 在91.49美元初始买入753股=68891.97美元
- 算上保证金的总账户：18891.97美元
- 最大交易量：753股

2%风险公式考虑了进场价、初始止损价、佣金成本、账户资金大小。因为，根据这个原则可以使用杠杆（保证金）尽量扩大利润。

比如，如果我们在91.49美元买入IBM股票，初始止损价是90.23美元，5万美元的账户在佣金为51.22美元，杠杆为150%的前提下最多可以买753股。那么使用杠杆后的账户总额是18891.97美元，但是风险只有1000美元。此时的风险还是2%。

使用交易量计算器

这个公式你当然可以用手算，不过我已经开发了一个简单的软件，让你日常计算速度更快。这个软件叫交易量计算器，你在购买本书时已经得到了试用30天的免费版。图10.1会告诉你如何使用这个计算器。你也可以参照附录A了解如何从traderscoach.com网站下载免费的试用版。

举例说明如何使用交易量计算器

请看图10.1，这是用交易量计算器计算交易量的例子。以下是具体细节：

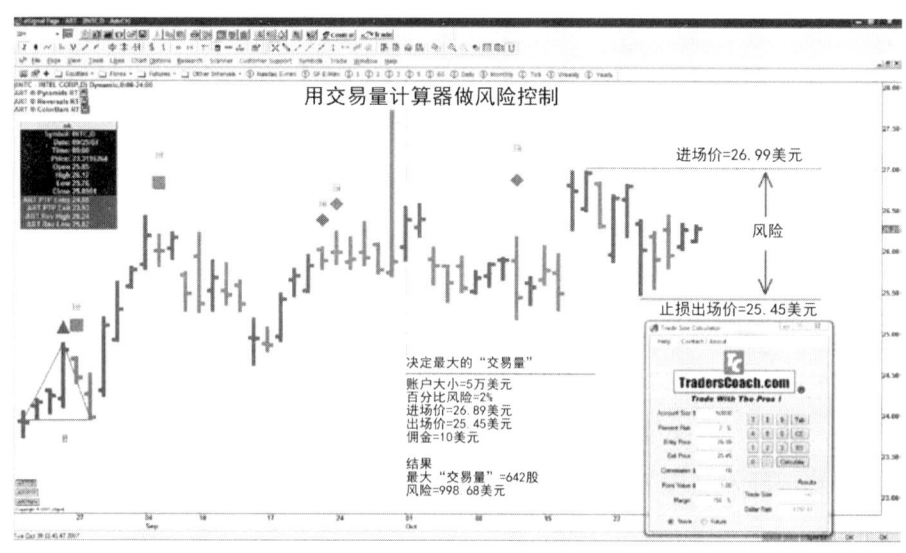

来源：www.esignal.com 网站

图10.1　说明用交易量计算器计算合适的交易量

- 账户大小：5万美元
- 风险百分比：2%
- 进场价：26.89美元
- 初始出场价：25.45美元
- 每股风险：1.54美元
- 佣金：来回10美元

在图10.1中，你能看见进场价和止损出场价的价差就是风险，风险是每股1.54美元，图中用上下箭头指示出来了。当你把具体数字输入计算器后，你能看见以下结果：

最大交易量=642股

风险=998.68美元

你也可以手工计算合适的交易量，但是用计算器速度会比较快。你可以先使用30天试用版，附录A会告诉你如何从traderscoach.com网站下载软件。

交易量和风险心理

当某个人用比较小的账户在市场中赚大钱时，这位交易者肯定没有采用优秀的资金管理，也没有形成健康的风险心理。

在这种情况下，这位交易者的仓位可能很大，甚至还使用了杠杆，属于高风险行为。这位交易者——或叫赌徒——也许运气好，会得到意外之财。如果这位交易者继续这样交易，破产风险率会说明他迟早要大亏的。

如果有人告诉我他每笔交易的交易量都是一样的，我就知道他不懂计算最优交易量。正常情况下要根据市场动力不时地调整交易量。

新手只关注如何赢利，没有想到风险问题。大师级的交易者则首先关注风险，然后再进行适当的交易。当你知道每笔交易的结果都是不确定的时候，心理作用就出现了。你就会问自己，我的风险要多大才不会破产呢？

当交易者这样思考时，他要么调整交易量，要么收窄止损出场点。大多情况下，最好的选择是调整交易量并根据当前市场动力设置止损出场点。

当资金曲线下降时，风险控制和交易量就变得更加重要了。由于大师级的交易者都事先测试了自己的系统，他们知道自己的系统会连续亏多少笔，在资金曲线下跌时他们也知道随后上涨的概率如何。

这方面的知识能帮助他们既不放弃，也不报复市场。他们心态平衡，并继续通过交易赚取利润。交易者需要一定时间的努力才能掌握风险心理和信心。

第四部分　做交易记录并分析赢利和亏损

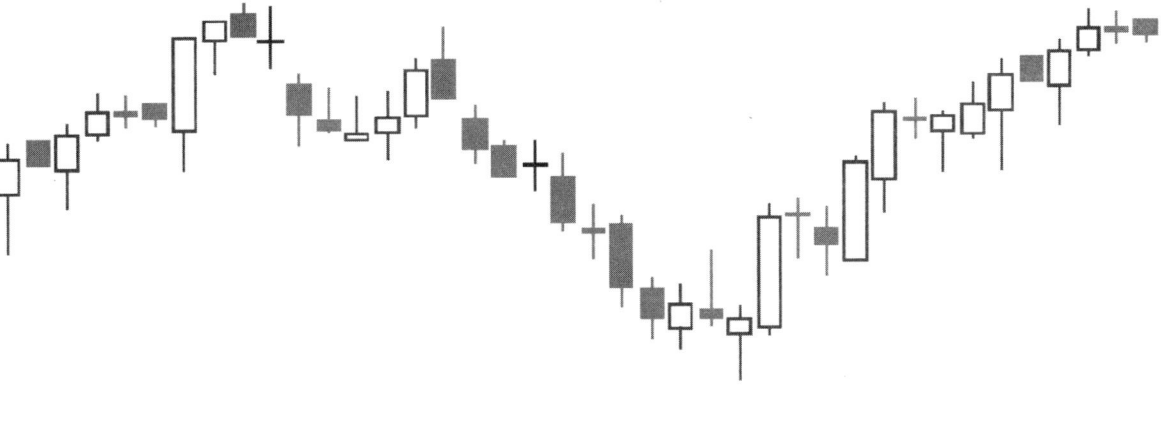

第11章　分析利润和亏损以及更多的成功公式

跟踪系统的利润和亏损有很多好处，理由也很多。首先，你要有纪律。做交易记录的纪律，做其他统计的纪律都会有助于你实现成功。

当你评估你的收益时，你会发现遵守系统原则是很轻松的，那么你就会更加自律，你对系统的疑心减少了，信心增加了。这是长期的过程，它能给你带来无数的好处。

坚持做交易记录的好处

做交易记录至少有10个好处：

1.增加你的自律性。

2.你对交易系统的信心在增强

3.你能快速解决亏损问题以防止破产，另外，你不会逃避现实。

4.你能识别出赚钱的方式并快速行动。

5.你的抵触心理在减少，你的整体心理在提高。

6.优秀的交易记录能记录当前重要的统计数据，比如胜率和回报率，这样你才能决定风险百分比。

7.随时处理好税务问题。

8.让你变得更加专业，更加专注。

9.你能找到错误并在将来避免犯同样的错误。

10.你的控制能力提高了——就像拥有控制权的司机一样,你能控制自己的未来。

每天做一次分析,问题远离我

很明显做交易记录是有好处的。让我们讲讲具体做交易记录的具体方式,这样你就不会误解了。

每个月(或每周)计算一次投资回报率并不够。从现在开始要每天都做分析,这样你才能及时找到自己的错误并改正错误。这要求你立刻下决心并意识到这点。

意识到这点是指当你亏损时,你不能悠然自得地拒绝做交易记录。如果你没有做到每天检查数字,你会很容易地错过一些不利的数字真相。你也许知道某笔交易做得不好,当你去分析时,你才能看出你忽略的错误。了解自己的错误和相关原因能让你成为赢利的交易者。

做分析并不是简单地判断你是赢利的或亏损的。你要更深入地评估一些关键的统计数字,而这些数字是你每天都应该知道的。我们要在一分钟内知道这些具体的数字。

承诺

你是否真心地承诺了要去分析你的赢利和亏损以得到关键的统计数字?如果答案是"否",那么我们就要去看看为何你不愿意这么做。

以下是几个问题:

问题1:你认为工作量很大吗?

问题2:你认为很难做吗?

问题3:你是不是以前分析过交易记录,结果发现没什么帮助?

问题4:你是否不喜欢做分析,你是否对细节不感兴趣,你是否对大行情感兴趣？

问题5：你是否在心理上很难接受自己的亏损——并想尽量回避这个现实，希望能回本？

问题6：你是否看到自己赢利时在心理上不舒服——是不是确定赢利了才会让你舒服？是不是继续赚钱有压力——是不是最后几笔赢利才是你的最佳表现？

问题7：你是否觉得做交易记录并不能获得巨大的利润——你想找到更好的交易系统？

这些问题能反映出你对做交易记录的重要看法。请思考以下答案和评论：

答案1：如果你认为做交易记录很辛苦，你是否想过你是一个很懒惰的人？如果你确实很懒惰，那么你可能不适合做交易，因为做交易需要很多努力才会成功的。如果你并不懒惰，那你要问问自己为何觉得工作量很大。

答案2：如果你认为做交易记录很难，那么你可以把它分解为很多小的步骤，每次完成一个步骤。不要指望一次完成所有的工作，慢慢来。

答案3：如果你以前做个交易记录，但是感觉帮助不大，那可能是因为你做的交易记录并没有捕捉到正确的统计数据。你可以尝试本书中的方法，看看这些方法能不能提高你的利润率。

答案4：如果你不喜欢做分析，这说明你是一个右脑思考者，你可以委托别人帮你做交易记录。交易者让自己的伙伴、妻子、丈夫或员工帮忙做交易记录是很正常的。你可以做一次思想风暴，看看哪个人最适合这个工作。如此一来，你就不会被你讨厌的事阻碍了前进的步伐。

答案5：如果你在心理上不能接受亏损的交易，那么说明你可能还没有完全形成交易者的思维和心理，那么你需要加强这方面的努力。同时你要像耐克的广告词说的那样："赶快去做！"迫使自己去研究数字，这样就能提高你的心理和利润率。

答案6：如果你在心理上不能面对赢利的交易，那么说明你没有完全形成交易者的思维和心理，和答案5一样，你要在这方面加强一下。同时，你要有动力尽快去做。

答案7：如果你认为做交易记录并不能帮助你提高利润，你更应该去寻找一个比较好的交易系统，那么你需要阅读第03章。你目前的信念系统表明你还没有形成交易者的思维和心理。同样，答案5和答案6最适合你，暂时先坚持你的系统，并去做交易记录！让交易记录证明它是有价值的。

我希望这些问题和答案能够激起你思想中的火花，让你知道如何做。最终，你还是需要定期做交易记录的。我鼓励你克服所有的困难，这样你才能从中受益。

做交易记录是成功的处方

做交易记录是成功的处方。你就是医生，你负责收集关键的统计数据，分析数据并诊断，然后开出必要的药方。

确定你目前关键的统计数据

你有没有注意到，每次当你去看医生的时候，总是护士在采集你的"关键数据"？他们这么做是为了给你找到最佳的治疗方案，这是合理的做法。当你在做交易记录时，以下是关键的统计数据：

- 胜率
- 回报率
- 佣金率
- 最大的单笔赢利
- 最大的单笔亏损
- 平均每笔赢利
- 平均每笔亏损
- 最多连续亏损的笔数

- 平均连续亏损的笔数
- 资金曲线最大下跌百分比
- 资金曲线平均下跌百分比

你可以根据这些统计数据调整你的资金管理系统，有时候也能调整你的交易系统。你在下一章会学会如何用交易者助理交易记录系统跟踪这些统计数据。

医学上的关键统计数据能帮助做诊断

医生和护士每天都在收集关键的统计数据，我们从中能明白很多道理。对他们来说，这是第二天性，交易者也应该这么做。

交易者观察关键数据和医生的观察是一个道理。为了说明这点，让我们看看医学上的关键统计数据：

1. 血压
2. 身高和体重
3. 体温
4. 病史
5. 血液含氧量
6. 胆固醇
7. 目前症状
8. 家族病史
9. 年龄
10. 外科病史

很多医疗上的关键数据和交易上的关键数据很相似。比如，你的交易历史能帮助预测你的交易模式。你的交易"热度"能让你知道目前的"热度"是否正常——你的体温是 37.5 度吗？

你目前的交易症状能帮助你决定如何开药方。如果你的回报率高，但胜率低，你就知道如何去增加胜率。这是有价值的分析，它会大大增加你的利润。

成功公式

你需要的3个关键数据是：

1. 胜率

2. 回报率

3. 佣金率

这些比率数字能够告诉你你的现状，并指导你如何前进。你可以用下面的公式进行计算。

胜率公式

胜率就是赢利的交易相对于亏损的交易的百分比。胜率越大越好，但是胜率不可能会达到100%。这个数字也许会经常变化，因此你要经常观察这个数字，看看是不是市场周期变了，看看自己的资金曲线下跌是否是正常的。

如果你的胜率比较低，那很可能是你错了。你要搞清楚自己错在哪里——疲劳，心态不好等——这样你才能做出相应的调整。

公式：

胜率 = 赢利的笔数 ÷ 总笔数

乘以100，就得到了百分比数值。

举例：

60% = 60 ÷ 100

回报率公式

这个比率会告诉你每亏损1美元，你会赢利几美元。回报率越高越好。如果你每亏损1美元就会赢利3美元（3:1），你应该感到自豪。如果你的回报率是1:1，那么你要研究一下如何提高它。优秀的资金管理系统通常会帮助你提高回报率。

公式：

回报率＝平均每笔赢利÷平均每笔亏损

举例：

3＝300美元÷100美元

佣金率公式

你把利润支付给经纪公司的百分比。当你过度交易的时候，佣金就高。这个数字能告诉你你是否过度交易了。比如，如果你的佣金率是90%，那说明你把90%的利润都送给经纪公司了。你要降低交易笔数并赚到同样多的利润——因此要提高胜率。佣金高的另外一个原因是回报率太低。比如，如果你的胜率是60%，那就比胜率为25%的佣金率高。

公式：

佣金率＝总佣金÷毛利润

乘以100，就得到了百分比数值。

举例：

20%＝200美元÷1000美元

请注意：如果你的回报率低于1，这个公式就不对了。如果你没有利润，你就无法计算佣金率。

持续一致的回报率

本章讨论的是跟踪利润和亏损的重要性。这些统计数字能说明你的投资回报率是多少，任何生意都会关注投资回报率的。当你投资时，你等于投资了自己的时间和金钱，以希望得到持续一致的回报。得到回报的关键就是——持续一致性。采用资金管理系统，你就能实现持续一致的利润率。

第12章　使用交易卡片和分类表

本章会告诉你如何用交易卡片、分类表、交易者助理做交易记录。告诉你一个好消息，我的一个学生模拟交易了一整年，他同意让我分享他的交易业绩。卡片和分类表的使用能立刻让你明白跟踪业绩是如何抬高你的资金曲线的。

现在你就是交易记录人

如果你不想做交易记录，你可以请书记员或助手帮你做交易记录。本书提供了完整的表格、卡片、分类表，让你跟踪到所有的关键信息。你的任务就是采用这个系统。

很多交易者让自己的伙伴、妻子、丈夫、财务或书记员处理这些数字。如果你不喜欢做这些事，让别人代办确实比较好。当然，你必须自己做分析。

交易者助理交易记录系统里面到底有什么

交易者助理是一个系统，它能帮助你从宏观层次到微观层次跟踪你的交易。宏观层次指每年的交易分类表，微观层次指每张交易卡片的内容。

以下是交易者助理系统中的9种不同的表格，你在附录B中能找到它们：

1. 每日工作表
2. 每日交易分类表
3. 每周交易分类表
4. 每月交易分类表
5. 每年交易分类表
6. 股票交易卡片
7. 期权交易卡片
8. 期货交易卡片
9. 交易计分卡

当你每天、每周、每月、每年都完成了这些表格，你就会了解利润和亏损之间的关系。这些长期积累下来的数据能提高你的业绩。

跟踪你的心理

你不但可以利用我们给你的工具跟踪数字，你还能跟踪交易心理，搞清楚你的思想和感受是如何影响交易结果的也很有价值。

既然这么说了，你就要记得每次交易时不但要写下基本面原因和技术面原因，还要写下自己的情绪原因。你必须在交易的时候就把它们写下来，否则回头再写时就忘记了当时的感受。

使用交易者助理交易记录系统

1995年我在纽约市，因为市场上并没有交易记录系统，我就准备自己开发一个。后来这个系统的名字就变成了交易者助理，它正是你现在在用的软件。

本书后面的附录B有很多空白的表格，你可以复印下来并融于自己的资金管理系统中。这个系统是我自己用的，我从中受益良多，我希望它能把你的资金管理提高到一个新的水平，并显著提高你的利润。

第 12 章 使用交易卡片和分类表

记住，这个交易记录系统对任何市场任何时间框架都适用，投资者、仓位交易者或日内交易者都能使用这个系统。

这是你的计分卡

你要使用的交易者助理系统（附录 B 中有空白表格）必须手填，我是故意这么设计的。我希望你能自己填上你的统计数据，这样你才能更加关注你的收益和成长过程。你的大脑功能也会在很多方面得到提升，你的感官系统也是重要的心理工具。

我们在学习和成长的任何时刻都在使用 5 个感官：眼睛、耳朵、肢体、舌头和鼻子。味觉和嗅觉则采用了比喻手法，像"成功的感觉"和"这闻起来像是灾难"都是比喻手法。但是我希望你明白，你越是投入，你的收益就越多。你要听见、看到、写出、谈论这些信息，完全置身其中。你可以找到一个优秀的伙伴、教练或朋友，让他和你一起做思想风暴，让自己的感官都有所提升。

虽然我很喜欢电脑，但是这部分的工作我总是用手工进行的。记住，有时候会停电的，或者你的电脑出问题了，此时你会庆幸自己有手写的卡片，这样你就能知道每笔交易的进场点和出场点分别是多少。这真是救星啊。

我的有些学生喜欢用 excel 计算这些数据，不过他们告诉我手工录入才是最好的。有一个学生说他用 excel 的目的是为了再次检查数据，如果有什么地方错了，他可以及时修改。

交易了一年的学生

本章的卡片和分类表内容都是真实的。我的一个学生用应用现实交易（ART）软件交易了一整年，他很慷慨地让我分享他的交易记录，现在我们则拿出来和你分享，这样我们就能看出一整年的模拟交易情况如何。

这个学生是日内交易者,他交易的是纳斯达克 100 和股指期货市场。不过交易者助理交易记录系统可以使用在任何市场和任何时间框架。即使你不是日内交易者,你不交易这些市场,这个交易记录系统也是同样对你有用的。把同样的原则应用到你的市场和时间框架就行了。

这个学生现在已经是用真钱实战了,不过一年的模拟交易给他增强了信心。他利用这一年来的数据知道了成功的关键。

我的大部分学生都知道我很喜欢模拟交易,因为我认为模拟交易是有效的。很多专业人士认为模拟交易无法体验到实战时的情绪,所以他们不看好模拟交易的效果。但是我不同意,我认为在进行实战前的模拟交易也会让你有类似的情绪出现。只要你想做好模拟交易,一旦遇到了挫折,感受就和实战时是相似的。

你不必模拟交易一年,但是你要用模拟交易证明你的系统能长期持续一致地赚钱且你的系统和你的性格很搭配。如果由于某种原因你特别反对模拟交易,你可以用小账户实战,用很少的钱去涉足真实交易。

我们先从宏观层次分析分类表和卡片(每年的交易分类表),然后再到微观层次去分析(单笔交易的卡片)。

每年交易分类表例子

这是最终的计分卡,你一眼就能看出你一整年的业绩。以我的学生为例,他模拟交易时账户大小是 2.5 万美元。

2007 年的交易分类表,收益是 50.7%

从每年交易分类表(请看表 12.1)中得到的信息和 25,000 美元的账户规模,我们可以算出当年的关键统计数据:

表 12.1 学生的每年交易分类表，2007 年模拟交易账户资金是 2.5 万美元，收益是 50.7%

TradersCoach.com "交易者助理——交易记录系统卡片"							年份 2007
每年交易分类表							
月份	交易笔数	赢利笔数	亏损笔数	毛利润（美元）	佣金（美元）	净利润（美元）	累计净利润（美元）
1月	46	21	25	4295.00	−600.92	3694.08	3694.08
2月	28	9	19	−320.00	−459.74	−779.74	2914.34
3月	13	5	8	−615.00	−202.72	−817.72	2096.62
4月	32	14	18	3345.00	−524.90	2820.10	4916.72
5月	28	9	19	1062.51	−325.80	736.71	5653.43
6月	29	7	22	−2600.00	−325.80	−2925.80	2727.62
7月	23	8	15	−5.00	−394.58	−399.58	2328.04
8月	33	14	19	2837.50	−275.12	2562.38	4890.42
9月	16	5	11	650.00	−162.90	487.10	5377.52
10月	21	9	12	2237.50	−191.86	2045.64	7423.16
11月	33	13	20	3937.50	−224.44	3713.06	11136.22
12月	21	9	12	850.00	−285.98	564.02	11700.24
合计:	323	123	200	15675.00	−3974.76	11700.24	
当年最大单笔赢利	$ 2814.14	最大单笔赢利卡片号	297-07	当年平均单笔赢利	$ 559.50		
当年最大单笔亏损	$ −621.72	最大单笔亏损卡片号	315-07	当年平均单笔亏损	$ −285.59		

笔记：

我第一年做得很好

我赢利了 51%

今年的回报率是：每亏损 1 美元，对应于赚了 1.96 美元

我今年的胜率是：39%

111802　　　　　　　　　　　　2002 年 traderscoach.com 公司版权所有。

1. 胜率：39%
2. 回报率：每亏 1 美元，能赚回 1.96 美元
3. 佣金率：25%的毛利润变成了佣金
4. 最大单笔赢利：2814.14 美元
5. 最大单笔亏损：621.72 美元
6. 平均单笔赢利：559.50 美元
7. 平均单笔亏损：285.59 美元
8. 最大连续亏损笔数：7
9. 平均连续亏损笔数：4
10. 资金曲线最大下跌百分比：12%
11. 资金曲线平均下跌百分比：6%
12. 年利润：50.7%

每年分类表给了你很多有价值的信息，这样你就能处理好资金管理等问题。让我们快速看看从每年交易分类表中学到了什么：

- 11 月的利润最多。
- 6 月发生了严重的资金曲线下跌。
- 年净投资回报率是 50.7%。
- 佣金是毛利润的 25%。
- 回报率是每亏损 1 美元，会赚 1.96 美元。
- 胜率是 39%，还可以继续提高。请研究一下你的进场和出场策略，看看哪个赢利模式可以重复使用。
- 交易时会出现连续 7 笔亏损，亏损 12%。请加强心理素质并明白这是正常的。

这几个方面的数字就能帮助你评估今天的业绩。提高的空间总是有的，但是看到积极的一面更重要。在本例中，年回报是 50.7%，对于刚学一年的学生来说，这个收益实在太好了。赢利的次数需要提高，这点通过认真的观察和分析是可以做到的。

你的收益可能和本例子完全不同,你可以分析你的交易结果看看你的优点在哪里,哪里还可以提高。

请记住,任何提高都是有益的。比如,如果你在模拟交易,你每个月亏了1000美元,后来你把亏损降到了500美元,那么你算是取得了巨大的进步,剩下来的任务就是打败市场获得利润。

把资金管理、交易系统、交易心理等方方面面都做好,当你把每一方面的技术都平衡了以后,你的利润就会增加的。通常是你的弱点影响了整体收益。所以要重点研究你的弱点,并保持优点不变。

打败市场

如今"打败市场"这个说法好像很流行,然而你的目标不仅仅是打败市场,你应该痛扁市场。你可以用这些方式来磨合提升你的资金管理系统和交易系统。

通过做交易记录并分析赢利的交易和亏损的交易,你能获得重要的知识并调整进出场策略。尽量复制赢利的交易,避免亏损的交易。

请看看我的学生第一年的模拟交易分类表,他已经打败了市场。市场的平均年收益是10%左右,而他的年收益超过了50%。没错,模拟交易和实战还是有差别的。不过我认为他在做模拟交易时已经磨炼了自己的方法,他的实战交易结果应该和模拟交易结果相似。

要想打败市场,就要去行动,用你的意志力产生利润。

每月交易分类表例子

关于我学生的交易结果,我们再分别看看赚钱的月份和亏钱的月份,这能表明关键统计数据在每个月是如何变化的。你要训练你的交易心理,不要因为一笔亏损的交易、一天亏损的交易、一周亏损的交易或一个月亏损的交易让你陷入了瘫痪。

利用交易记录，从赚钱的交易和亏钱的交易中学习。科学家和医生都是运用观察这个工具取得了重大发现和突破的。你要和他们一样，观察你的交易记录，最终你也会说："啊哈，我明白啦！"这样你的交易业绩就会提高。要珍惜这些机会，利用好这些机会。当你这么做的时候，你的收获会更多。

2007年1月的交易分类表

15%的收益

让我们看看1月的交易分类表（请看表12.2）。这是当年最赚钱的一个月份，理想状态下，我们可以尽量复制这个月的收益。1月有8个关键的统计数据：

图12.2 学生的每月交易分类表，2007年1月的收益是15%

TradersCoach.com "交易者助理——交易记录系统卡片"						分类表月份 2007年1月	
每月交易分类表							
周	交易笔数	赢利笔数	亏损笔数	毛利润（美元）	佣金（美元）	净利润（美元）	累计净利润（美元）
1	8	5	3	3435.00	-83.26	3351.74	3351.74
1-01							
2	15	6	9	85.00	-199.10	-114.10	-3237.64
1-08							
3	11	7	4	1225.00	-148.42	1076.58	4314.22
1-15							
4	12	3	9	-450.00	-170.14	-620.14	3694.08
1-22							
5	0	0	0				
1-29							
合计：	46	21	25	4295.00	-600.92	3694.08	

续表

当月最大单笔赢利	$ 2009.14	最大单笔赢利卡片号	002-07	当月平均单笔赢利	$ 468.94
当月最大单笔亏损	$ -475.86	最大单笔亏损卡片号	043-07	当月平均单笔亏损	$ -246.14

注意:
本月收益是 15%
回报率是:每亏损 1 美元,对应于赚了 1.91 美元
Win ratio:46%
胜率是:46%

111802　　　　　　　　　　　　2002 年 traderscoach.com 公司版权所有。

1. 胜率:46%

2. 回报率:1.91 美元的利润:1.00 美元亏损

3. 佣金率:毛利润的 14%

4. 最大单笔赢利:2009.14 美元

5. 最大单笔亏损:475.86 美元

6. 平均每笔赢利:468.94 美元

7. 平均每笔亏损:246.14 美元

8. 本月利润:15%

我们从最赚钱的这个月学到的东西就是我们可以尽量复制这个优势。我们从每月交易分类表中可以学到这些知识:

- 本月的胜率是 46%,比年胜率 39% 高很多。我们要向这个方向努力。

- 胜率是 1.91,和年平均胜率很接近。

- 佣金率是14%，比年平均佣金率25%低了很多。
- 1月是当年赢利最多的一个月，利润是2009美元。我们会迟点再去看交易卡片，看看我们要复制哪些特点。
- 平均每笔赢利和平均每笔亏损没什么好讲的——他们和年平均值差不多。
- 本月的利润是15%，这很了不起。

观察1月的交易是很有用的，它能让我们明白为何能赚到2009美元。

2007年6月的交易分类表

收益是12%

让我们再来看看当年最难赚钱的一个月6月（请看表12.3），6月亏损了2925.80美元。以下是6月的关键统计数据：

表12.3 学生的每月交易分类表，2007年6月的亏损是12%

TradersCoach.com "交易者助理——交易记录系统卡片"						分类账月份 2007年6月	
每月交易分类表							
周	交易笔数	赢利笔数	亏损笔数	毛利润（美元）	佣金（美元）	净利润（美元）	累计净利润（美元）
1	1	0	1	-375.00	-10.86	-385.86	-1340.16
6-01	4	0	4	-900.00	-54.30	-954.30	
6-04							
2	6	2	4	637.50	-68.78	568.72	-771.44
6-11							
3	4	1	3	-937.50	-54.30	-991.80	-1763.24
6-18							
4	14	4	10	-1025.00	-137.56	-1162.56	-2925.80
6-25							
5							
合计：	29	7	22	-2600.00	-325.80	-2925.80	

续表

当年最大单笔赢利	$ 1335.52	最大单笔赢利卡片号	171-07	当年平均单笔赢利	$ 560.80
当年最大单笔亏损	$ -460.83	最大单笔亏损卡片号	176-07	当年平均单笔亏损	$ -311.43
注意：					
本月亏损：12%					
!! 我要给本先生打电话!					
回报率是：每亏损1美元，对应于赚了1.80美元					
胜率是：24%					

111802　　　　　　　　　　　　2002年traderscoach.com公司版权所有。

1.胜率：24%

2.回报率：1.80美元

3.佣金率：无

4.最大单笔赢利：1335.52美元

5.最大单笔亏损：460.83美元

6.平均每笔赢利：560.80美元

7.平均每笔亏损：311.43美元

8.本月亏损：12%

我们从最不赚钱的月份可以了解我们的弱点在哪里。以下是对6月份的分析：

- 胜率太糟糕了：24%的赢利对76%的亏损，这几乎不能出头。这段时期资金曲线肯定下跌了，我们可以利用过去的数据预测未来的资金曲线走势。
- 回报率是1.80美元。如果胜率再高点，这个回报率也够了。
- 平均每笔赢利和平均每笔亏损的数值太接近了，如果胜率再高

- 本月交易账户亏损了12%，要检查一下，看看到底哪里出错了，这很重要，未来要避免犯这样的错误。

对比你赚钱的时期和亏钱的时期也很重要，这样你会有更深的见解。

每周交易分类表例子

对于微观层次的分析，我们要看看情绪和心理是如何影响收益的。我们会分析我学生的两份交易分类表，一周是赚钱的，一周是亏钱的。

2007年1月22日每周交易分类表

亏损是2%

第一周从1月22日开始，净亏损了620.14美元（请看表12.4）。让我们看看本周的关键统计数据：

表12.4　学生的每周分类表，2007年1月22这周的亏损是2%

TradersCoach.com "交易者助理——交易记录系统卡片"	分类表周别（循环一） 1 2 3 4 5 本周的周一的具体日期 2007年1月22日

每周交易分类表							
日	交易笔数	赢利笔数	亏损笔数	毛利润 （美元）	佣金 （美元）	净利润 （美元）	累计净利润 （美元）
星期一 1-22	1	1	0	45.00	-10.86	34.14	34.14
星期二 1-23	3	0	3	-855.00	-47.06	-902.06	-867.92
星期三 1-24	1	1	0	325.00	-18.10	306.90	-561.02
星期四	3	1	2	1055.00	-50.68	1004.32	443.30

续表

1-25 星期五	4	0	4	-1020.00	-43.44	-1063.44	-620.14
1-26 星期六							
星期日							
合计：	12	3	9	-450.00	-170.14	-620.14	
当周最大单笔赢利	$ 1761.90	最大单笔赢利卡片号	042-07	当周平均单笔赢利	$ 701.00		
当周最大单笔亏损	$ -475.86	最大单笔亏损卡片号	043-07	当周平均单笔亏损	$ -303.00		
笔记： 本周是混乱的一周：我只赚了 3 笔 最后一天连亏 4 笔，真郁闷 胜率是：25% 回报率是：0.77							

111802　　　　　　　　　　　　　　　　2002 年 traderscoach.com 公司版权所有。

1.胜率：25%

2.回报率：没亏损 1 美元，对应的赢利是 0.77 美元

3.佣金率：无

4.最大单笔赢利：1761.90 美元

5.最大单笔亏损：475.86 美元

6.平均每笔赢利：701 美元

7.平均每笔亏损：303 美元

8.本周亏损：2%

我们用 1 月的例子说明了很赚钱，有趣的是本周就紧跟着亏钱了。

本周揭露了一些心理和业绩方面的问题：

- 在分类表下面的笔记部分，我的学生写道："本周是混乱的一周，我只赚了3笔；最后一天连亏4笔，真郁闷……"
- 有趣的是1月做得很成功，本周只亏了620美元，相对来说亏的并不多。
- 考虑到1月是刚开始交易的第一个月，成功似乎来得太快了，问题是，是不是对成功感到不安？
- 没错，本周的胜率和回报率确实让人郁闷，不过一周的亏损还是可以弥补的。
- 再看看后面两个月，2月和3月亏的都不错，4月就赚回来了。
- 这些都是正常的交易周期，对起起落落要习惯，这样你才能提高自己的心理和优势。

每周分类表，2007年7月23日这周

收益是9%

在6月和7月发生了明显的资金曲线下跌以后我们再看一份每周分类表（请看表12.5）。2007年7月23日这周的8个关键统计数据如下：

表12.5　学生的每周交易分类表，2007年7月23日这周的收益是9%

TradersCoach.com "交易者助理——交易记录系统卡片"					分类表周别（循环一） 1 2 3 4 5 本周的周一的具体日期 2007年7月23日		
每周交易分类表							
日	交易笔数	赢利笔数	亏损笔数	毛利润 （美元）	佣金 （美元）	净利润 （美元）	累计净利润 （美元）
星期一 7-23	没有交易						
星期二 7-24	1	1	0	875.00	-7.24	867.76	867.76

第 12 章 使用交易卡片和分类表

续表

星期三 7-25	1	1	0	600.00	−7.24	592.76	1460.52
星期四 7-26	1	1	1	−162.50	−7.24	−169.74	1290.78
星期五 7-27	1	1	0	1000.00	−7.24	992.76	2283.54
星期六							
星期日							
合计:	5	4	1	2312.50	−28.96	2283.54	
当周最大单笔赢利	$ 992.76	最大单笔赢利卡片号	198-07	当周平均单笔赢利	$ 643.67		
当周最大单笔亏损	$ −291.12	最大单笔亏损卡片号	196-07	当周平均单笔亏损	$ −291.12		

笔记:

  本周做得不错,我赚了不少。道琼斯跌了很多(<586.26 点),纳斯达克跌了126.25 点,跌幅-5.05%。我交易的标准普尔电子迷你盘跌了85.75 点(-5.55%)。这些都发生在市场创造新高之后的一周以内(道琼斯收盘在14000.41,最高点是14021.95)。实际上,这是一个很大的修正动作,我本应该做得更好。比如 2007 年 7 月 26 日这天,我应该选择3 号时间框架,这样我不但不会小亏,还能赚钱,但是我不知道如何选择正确的时间框架。

胜率: 80%

回报率: 2.2

佣金率: 1%

111802   2002 年 traderscoach.com 公司版权所有。

1. 胜率:80%

2. 回报率:2.2 美元

3. 佣金率:1%

4. 最大单笔赢利:992.76 美元

5. 最大单笔亏损：291.12 美元

6. 平均每笔赢利：643.67 美元

7. 平均每笔亏损：291.12 美元

8. 本周赢利：9%

本周做得很不错——是当年最赚钱的一周。之前资金曲线出现了严厉的下跌，对心理也是一个考验。交易长期的起起落落和循环节奏会帮助形成交易者的思维。这些周期循环就变成了第二天性了，长期下来你的经验就丰富了，效率就提高了。让我们来看看这些数字：

- 胜率是80%，这是我们希望的结果。年胜率是39，这个学生本周把胜率提高了一倍，当然资金曲线会上涨了。
- 佣金率很不错，只有1%的利润送给了经纪公司。相对于25%的年佣金率，这次很低了。当然了，高胜率本身就能降低佣金支出。
- 我的学生在笔记中写道："本周做得不错，我赚了不少。道琼斯跌了很多（<586.26点），纳斯达克跌了126.25点，跌幅-5.05%。我交易的标准普尔电子迷你盘跌了85.75点(-5.55%)。这些都发生在市场创造新高之后的一周以内（道琼斯收盘在14000.41，最高点是14021.95）。实际上，这是一个很大的修正动作，我本应该做得更好。比如2007年7月26日这天，我应该选择3号时间框架，这样我不但不会小亏，还能赚钱，但是我不知道如何选择正确的时间框架。"
- 从分类表中的笔记能学到很多东西。比如，这位交易者就知道选择正确的时间框架对利润率有很大的影响。因此，他在以后就知道要掌握好这门技术。

每日交易分类表例子

每日交易分类表其实就是每日交易卡片的合计。每日分类表列出了所有成交的交易。你的笔记则写在单独的卡片上面（请看表12.6）。

表 12.6　学生的每日交易分类表，2007 年 9 月 6 日

TradersCoach.com "交易者助理——交易记录系统卡片"										今天的日期 2007 年 9 月 6 日	
每日交易分类表——成交的订单											
持有的仓位											
交易号	卡片号	代码	仓位	股数	买入（美元）	卖出（美元）	毛利润/亏损（美元）	佣金（美元）	净利润/亏损（美元）	累计净利润/亏损（美元）	
1											
2											
3											
4											
5											
总仓位→											
今天新成交的订单											
今天的交易号	卡片号	代码	仓位	股数	买入（美元）	卖出（美元）	毛利润/亏损（美元）	佣金（美元）	净利润/亏损（美元）	累计净利润/亏损（美元）	
1	233-07	ESU7	做空	2	1474.50	1471.00	-350.00	-7.24	-357.24	-357.24	
2	234-07	ESU7	做空	4	1479.50	1482.50	600.00	-14.48	585.52	228.28	
3											
4											
5											
6											
7											
8											
9											
10											
当天总交易笔数→							250.00	-21.72	228.28		
合计→											
当天最大单笔赢利：		$ 585.52		最大单笔赢利卡片号：		234-07		当天平均每笔赢利：		$ 585.52	
当天最大单笔亏损：		$（357.24）		最大单笔亏损卡片号：		233-07		当天平均每笔亏损：		$（357.24）	

111802　　　　　　　　　　　　　　　　　2002 年 traderscoach.com 公司版权所有。

每日工作表例子

这个表格和每日交易分类表是放在一起用的,这样你就能列出所有的交易。你的交易卡片上和每日交易分类表上只用列出已经成交的订单(请看表12.7)。

表12.7 学生的每日工作表,2007年9月6日

TradersCoach.com "交易者助理——交易记录系统卡片" 每日工作表——已经成交的订单											今天的日期 2007年9月6日
状态	时间	代码	仓位方向	股数	信号	价格(美元)	成交(美元)	佣金(美元)	记录	备注
成交	7:18		做空	2	PTP		1471.00	-3.62	√	
	7:39	ESU7	做空	2	SIO		1474.50	-3.62	√	
成交	9:22	ESU7	做空	4	BR2BR		1482.50	(14.48)	√	
	9:50	ESU7	做空	4	CLO		1479.50	(14.48)	√	

续表

笔记：

111802　　　　　　　　　　　　　2002 年 traderscoach.com 公司版权所有。

交易卡片例子

交易卡片是你每天交易都要用到的。每次交易的时候都要记上你的想法和感受。

因为事后很难去了解你在交易时的想法和感受，所以在实战交易时一定要把它们记下来。下面是我学生的真实的卡片，还有一些评论。

2007 年 1 月 4 日的交易卡片

利润是 2009.14 美元

评论：这笔交易是本年最赚钱的一笔交易，进场技术很有效。出场技术则是根据反转的竹线信号两次平掉三分之一的仓位（请看表 12.8 和表 12.9）。

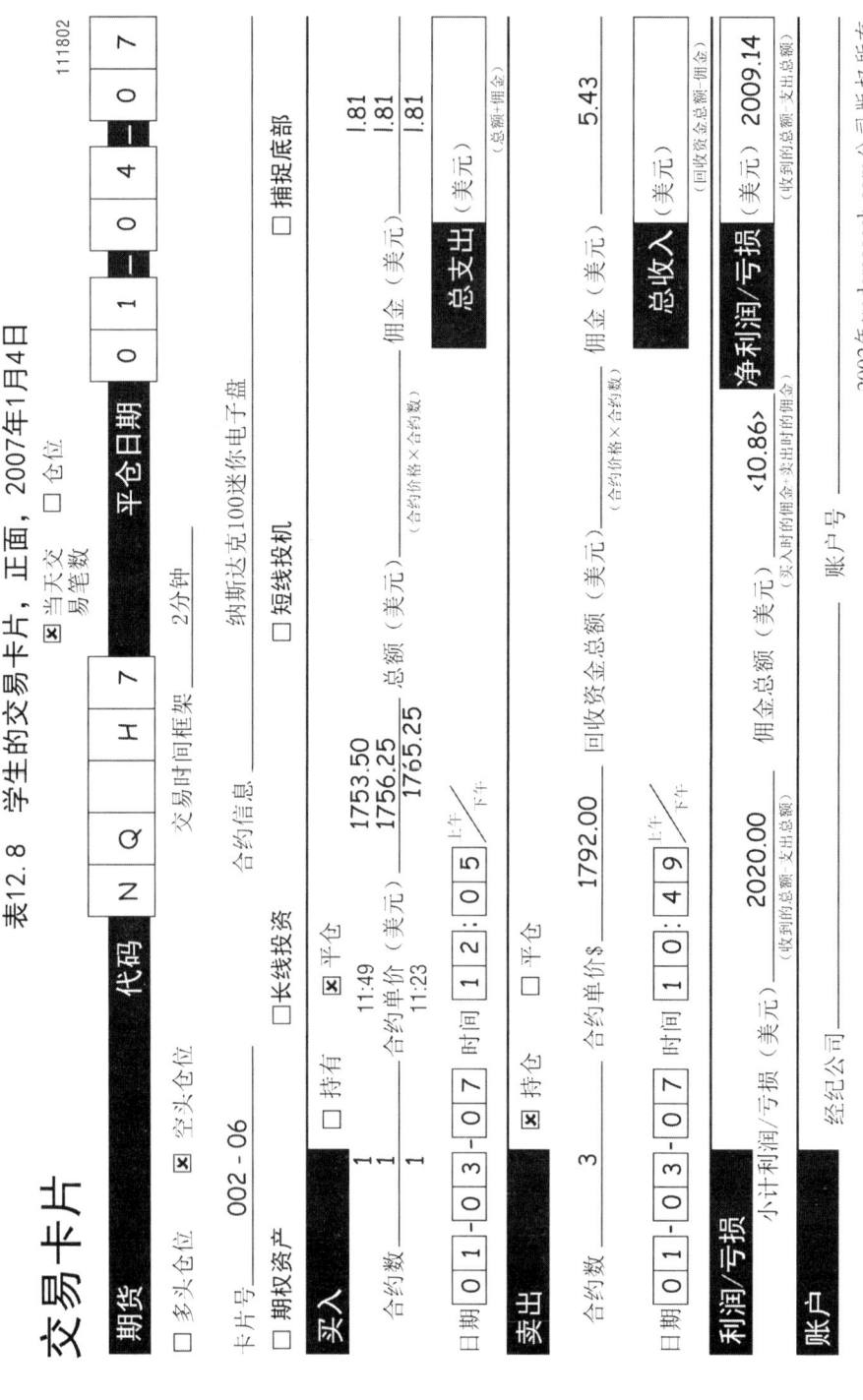

表12.8 学生的交易卡片，正面，2007年1月4日

图12.9 学生的交易卡片，反面，2007年1月4日

止损							111802
日期	时间	信号	买入/卖出	股数/合约数	价格		实际成交
1-3-07	10：49	T/S	买入	3	1797.50		
	11：06	T/S	买入	3	1794.75		
	11：23	逐级平仓	买入	1			1765.25
	11：23	T/S	买入	2	1794.75		$535 Profit 利润535美元
	11：39	T/S	买入	2	1769.50		
	11：49	逐级平仓	买入	1			1753.50
	11：49	T/S	买入	1	1769.50		利润770美元
	12：05	平仓	买入	1			1756.25
							利润715美元
							总利润2020美元
交易笔记							

2002年traderscoach.com公司版权所有。

2007年1月23日的交易卡片

亏损474.48美元

评论：学生在笔记处写道："……这笔交易不够明智。我受到了消息的影响……"这笔交易害死做空的，而前一天的图表显示应该做多。这笔交易的心理受到了影响，电视新闻影响了这笔交易，导致亏损收场（请看表12.10和表12.11）。

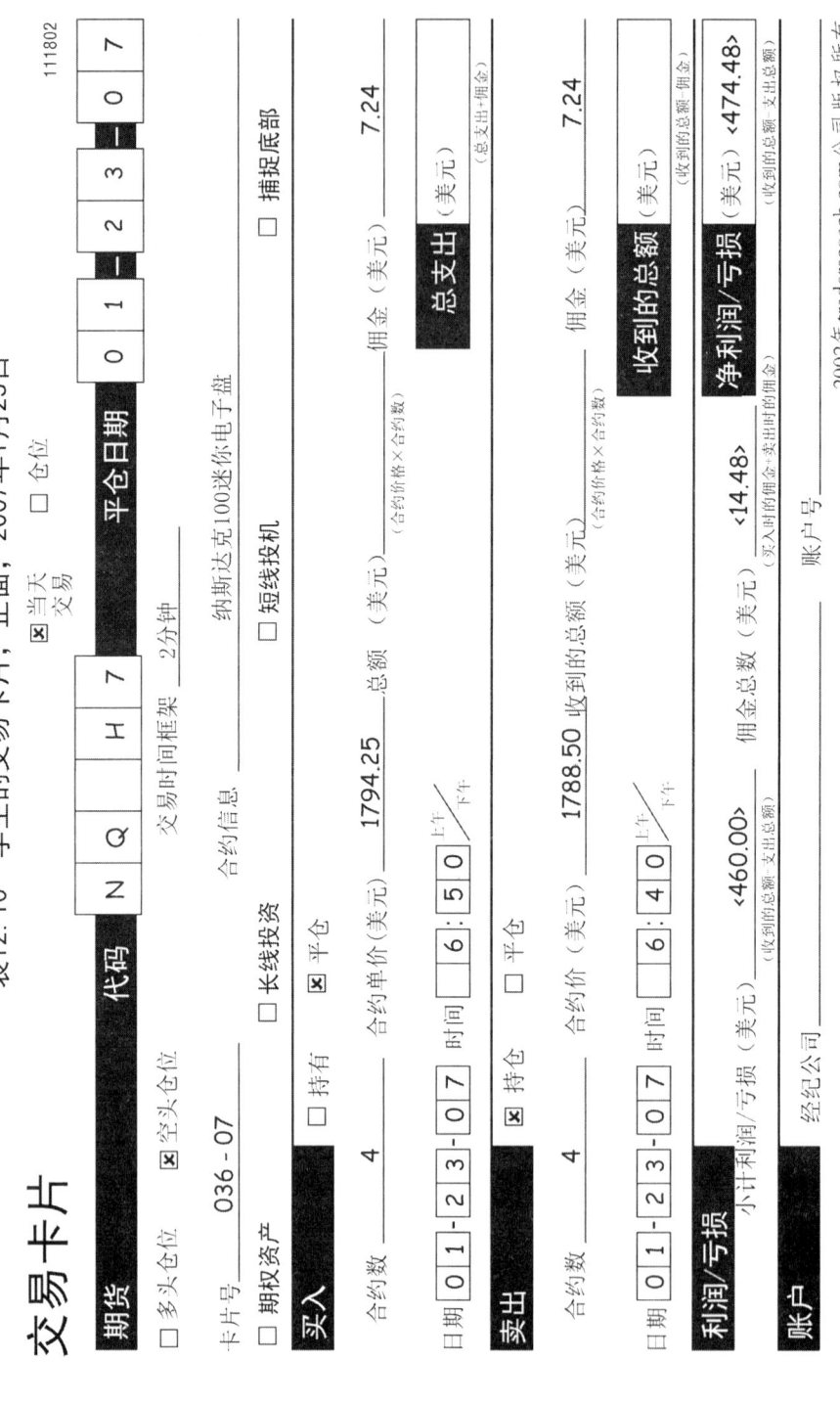

表12.10 学生的交易卡片，正面，2007年1月23日

表 12.11　学生的交易卡片，反面，2007 年 1 月 23 日

止损							111802
日期	时间	信号	买入/卖出	股数/合约数	价格		实际成交
1-22-07	6：40	T/S	买入	4	1704.25		
	6：50	S/O	买入	4			1794.25
							$（474.48）

交易笔记

　　这笔交易不够明智。我受到了消息的影响……昨天上午 8 点时图表显示的是上涨趋势。2 号图振荡很厉害，3 号图并没有给出做空的点位。

2002 年 traderscoach.com 公司版权所有。

2007 年 7 月 16 日的交易卡片

亏损 243.10 美元

评论：这个学生在笔记中说："……这笔交易执行得不好。我在双顶处的一条竹线反转点有 2 次机会逐级平仓，但我没做到。……是不是我太贪婪了？"这些笔记是很有用的（请看表 12.12 和表 12.13）。

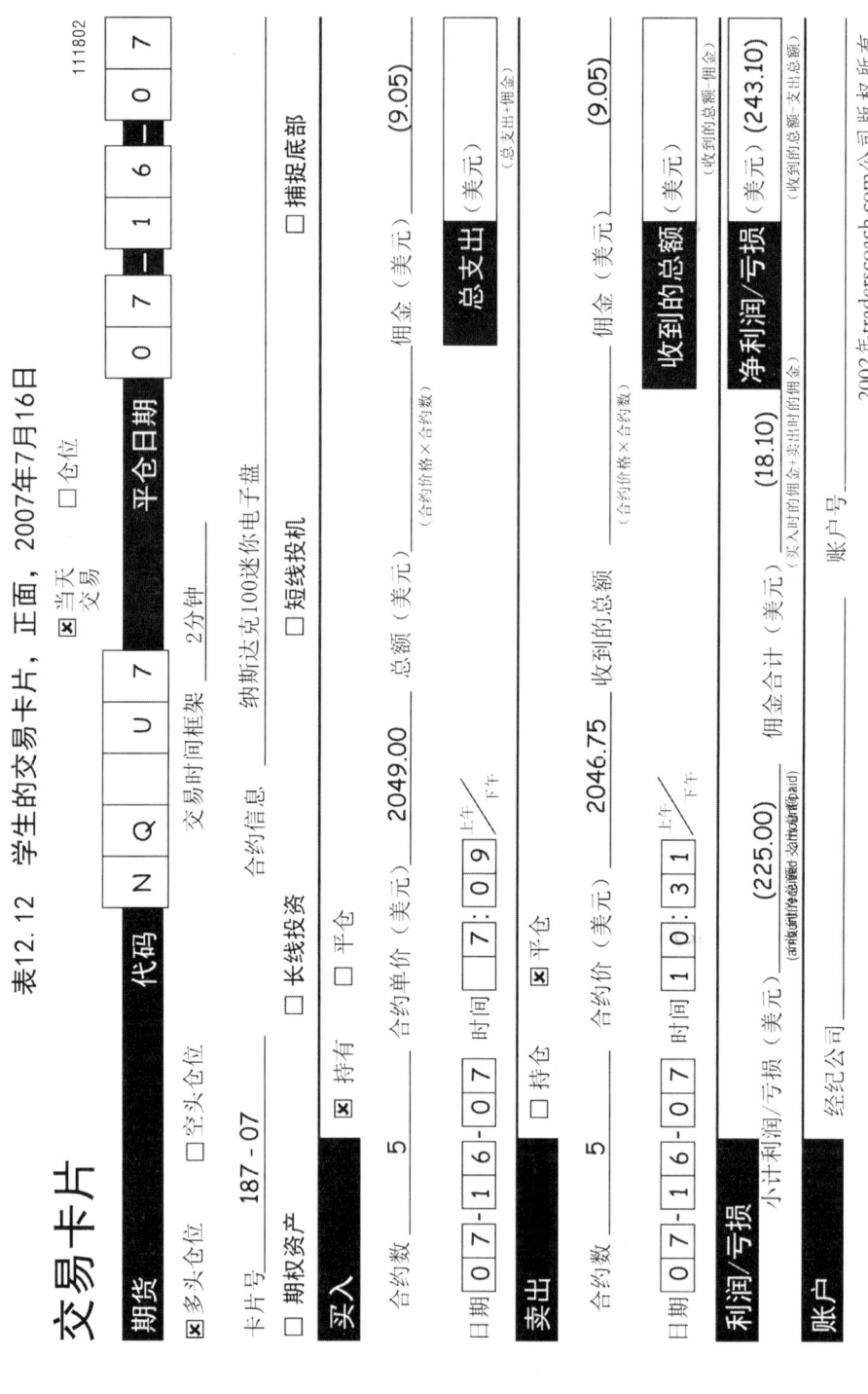

表12.12 学生的交易卡片，正面，2007年7月16日

表12.13 学生的交易卡片，反面，2007年7月16日

止损							111802
日期	时间	信号	买入/卖出	股数/合约数	价格	实际成交	
7-16-07	7：09	T/S	卖出	5	2046.75		
	10：31	S/O	卖出	5		2046.75	

交易笔记

　　这笔交易执行得不好。我在双顶处的一条竹线反转点有2次机会逐级平仓，但我没做到。我本来是可以赚钱的，结果我亏损了。是不是我太贪婪了？

2002年traderscoach.com公司版权所有。

2007年10月11日交易卡片

利润1451.64美元

　　评论：这个学生在笔记中说："……价格和PO之间形成了背离。价格到了斐波那契延伸处，在1.000和1.618之间（n1586.75），这个地方通常都是阻力区。在5分钟图上出现了一个看跌的交易点……我认为这是今年最好的交易机会……"（请看表12.14和表12.15）

操盘手的资金管理系统

表12.14 学生的交易卡片，正面，2007年10月11日

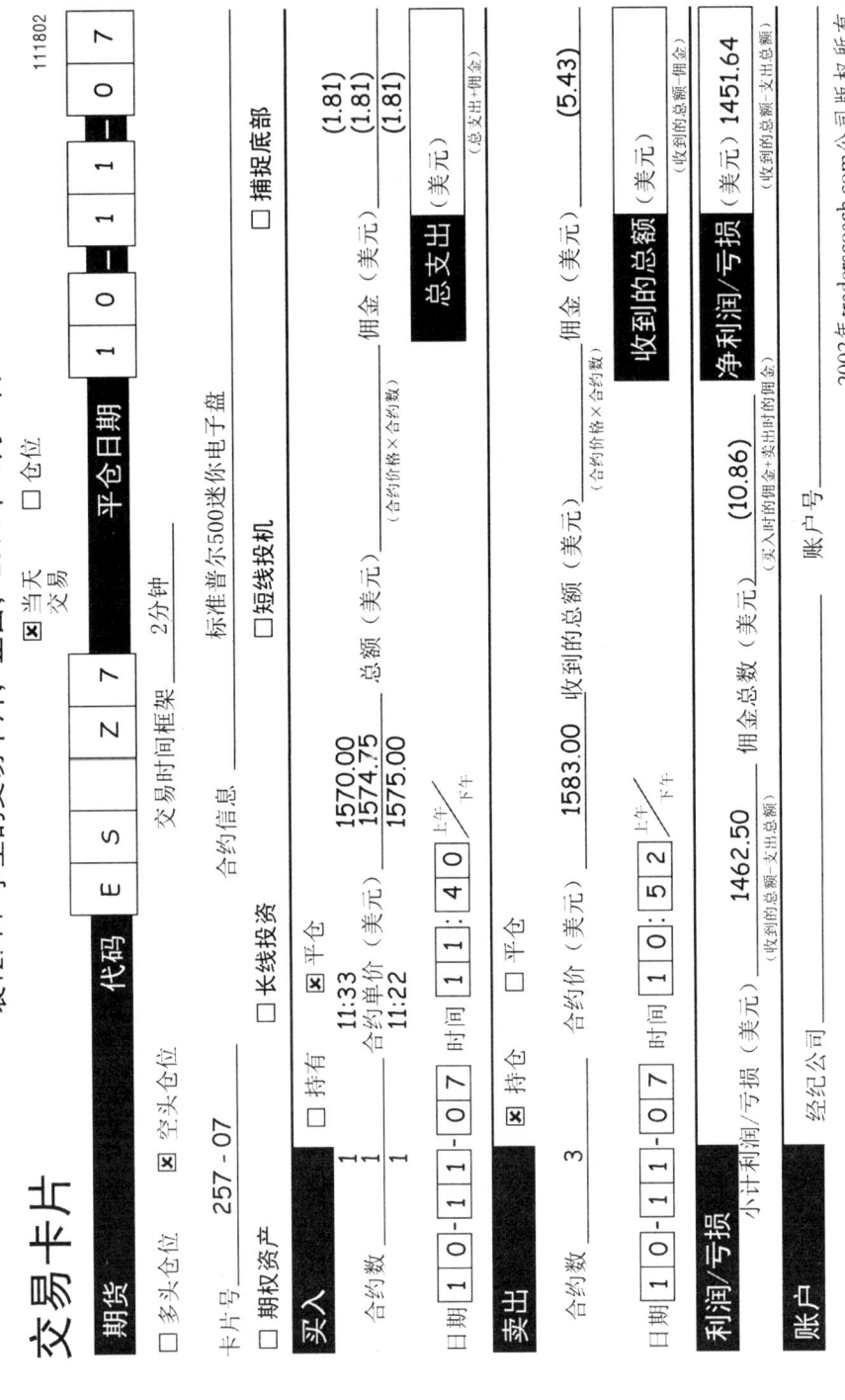

表 12.15　学生的交易卡片，反面，2007 年 10 月 11 日

止损						111802	
日期	时间	信号	买入/卖出	股数/合约数	价格	实际成交	
10-11-07	10：52	T/S	买入	3	1585.25		
	11：22	SCO BL1BR	买入	1		1575.00	
	11：22	T/S	买入	2	1585.25	利润 400 美元	
	11：33	SCO BL1BR	买入	1		1570.00	
	11：33	T/S	买入	1	1585.25	利润 650 美元	
	11：40	CLO	买入	1		1574.00	
						利润 412.50 美元	
A） 10-09-07（10：44） B） 10-09-97（13：04） C） 10-10-01（10：30）			斐波那契出场点			总利润 1462.50 美元	
交易笔记							
MP PTP：小的买入点							
价格和 PO 之间形成了看跌背离。							
价格到了斐波那契延伸处，在 1.000 和 1.618 之间（n1586.75），这个地方通常都是阻力区。							
在 5 分钟图上出现了向下的三角形。							
当 BRPTP 失效后我就平仓了。也许这不是最好的方法，拭目以待吧。							
但我认为这是今天做得最好的一笔交易。							

2002 年 traderscoach.com 公司版权所有。

最后的计分卡

计分卡通过展示你的胜率、回报率和其他数据告诉你的利润率是多少。表 12.16 是我学生的年度计分卡。你会发现用这个记录自己的业绩是很有用的。附录 B 有这样的计分卡。

图 12.16 学生 2007 年的计分卡，模拟账户起始资金是 2.5 万美元

交易计分卡

Tradescoach.com 提供的交易者助理

日期：	2007			
循环 1	日	周	月	年
胜率：				39%
回报率				$ 1.96
佣金率：				25%
最大单笔赢利：				$ 2814.14
最大单笔亏损：				$ （621.72）
平均每笔赢利：				$ 559.50
平均每笔亏损：				$ （285.59）
资金曲线最大下跌百分比：				12%
平均资金曲线下跌百分比：				6%
利润/亏损百分比：				利润是 50.7%

画出你的资金曲线

画出资金曲线，看看你的资金增长是否平稳，这是很有用的。你的资金曲线越平稳越好。我们快速讨论一下如何分析资金曲线，这样你就能知道画资金曲线的好处了。

如果你想深入了解如何分析资金曲线，请看莎尔·钱德《超越技术分析》第二版的第 06 章。他详细地解释了资金曲线标准错误的方方面面是如何影响你的利润率的。

在图 12.1 中你能看见一个从 2007 年 1 月 1 日开始的、起始资金为 2.5 万美元的虚拟的资金曲线，这条资金曲线很完美。连续 12 个月来，

它每个月都增值了1000美元，资金曲线从左下方一直延伸到右上方。

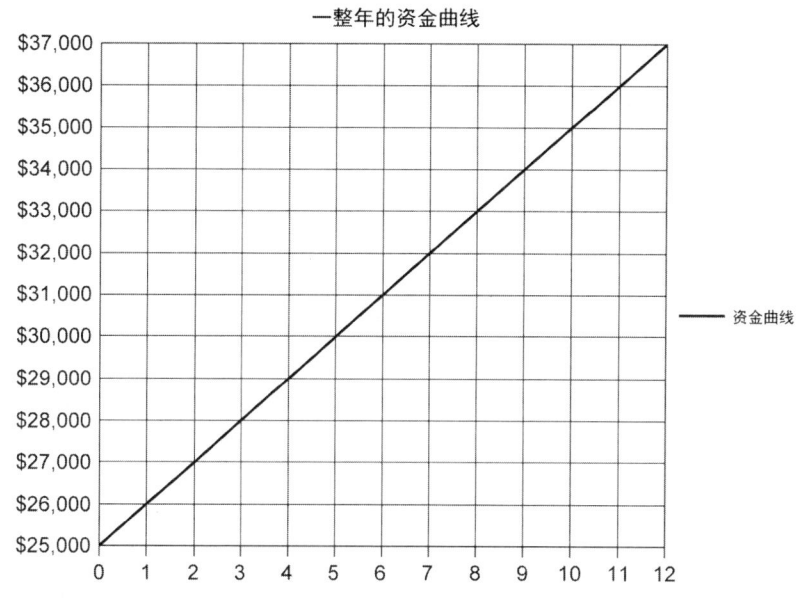

图12.1 完美的稳定增长的资金曲线（虚拟的数字）

莎尔·钱德会认为这张图有标准错误，它的价值是0，因为它太完美了。这样的资金曲线在现实中是不会存在的。正常的资金曲线会像市场一样潮起潮落，前进三步，后退一步，等等。钱德说资金曲线越是凹凸不平，就越不理想。因此我们的目标就是尽量减少资金曲线的下跌并让它稳定增长。

图12.2中的资金曲线比较正常，凹凸不平的现象比图12.1多。这是我的学生2007年做的模拟交易资金曲线。你可以对照图12.1，图12.2中的数据就是采用了图12.1中的利润和亏损数字。这样你就能看见哪里发生了资金曲线下跌，哪里在赢利。这个过程很有价值，你也应该把自己的数字画出来。

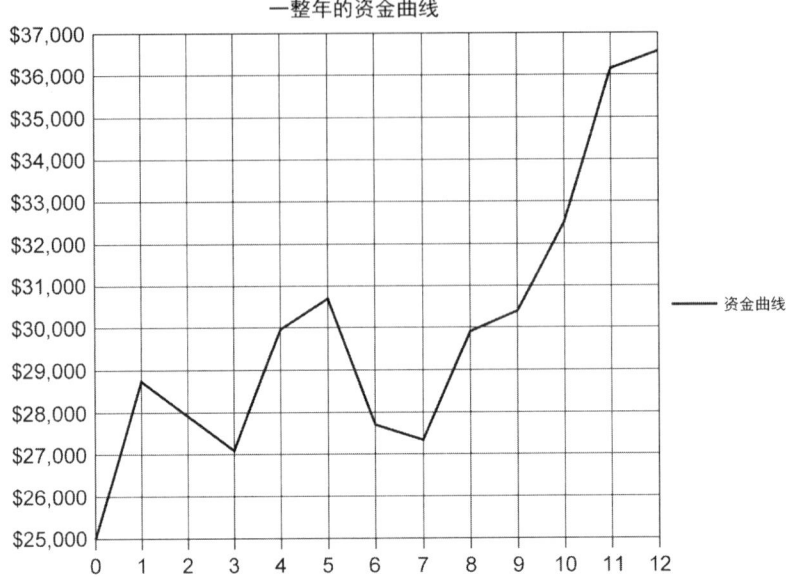

图 12.2　学生的年度资金曲线（2007 年，模拟交易账户起始资金是 2.5 万美元）

真实的例子只是开始

我学生的真实的例子只是让你开始做交易记录的起点，这样你就能发现过去没发现的信息。首先要捕捉到这些信息，第二步就要知道如何运用这些信息。当你这么做交易记录的时候，一旦时机成熟，你就能运用好这些信息。

记住，虽然我的学生做的是日内交易，交易对象是期货市场，即使你不是这样，你也可以使用相同的交易记录系统。无论你是投资者、仓位交易者或日内交易者，交易者助理都是有用的，它在任何市场都有用。

第五部分 设计你自己的系统

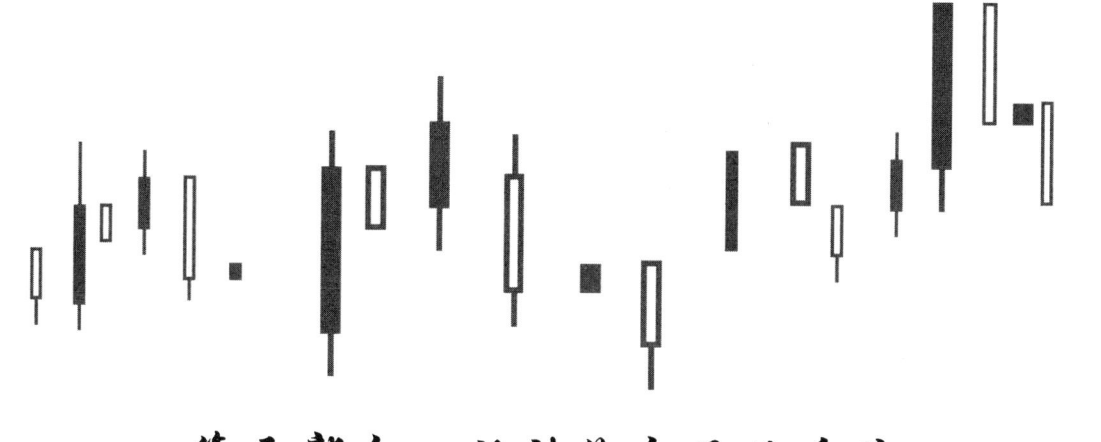

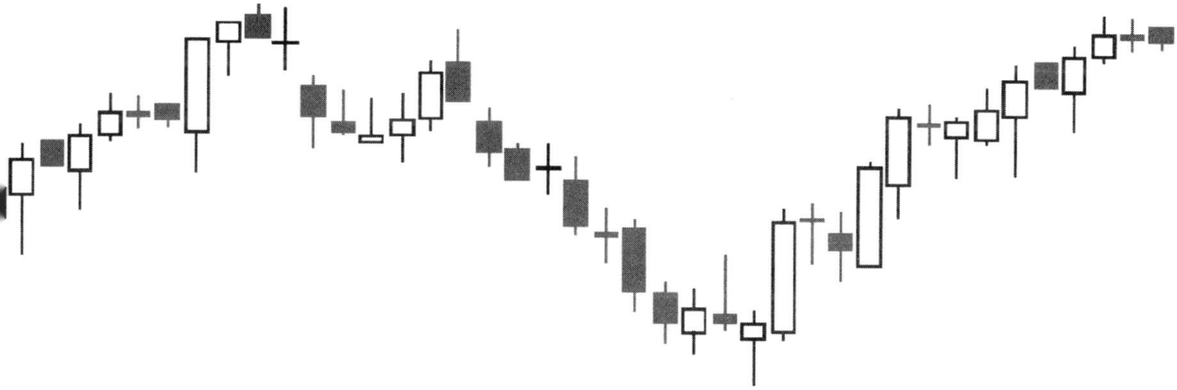

第13章 了解自己——你的风险和纪律

只有了解了自己,你才能在金融市场实现更多的利润。故,请你反省一下你的风险是什么,你的纪律是什么。这些问题的答案能帮助你定制自己的资金管理系统,第14章会谈论这方面的内容。

面对风险时你的舒适度如何

了解你自己并知道自己的风险忍受度是多少,这些深刻见解能够提升你的资金管理系统。有些交易者特别喜欢风险,所以说每个人的风险程度多是相对不一样的,因此我们需要知道自己的倾向,在自己感觉最舒服的状态下做交易是很重要的。

一方面,如果你的风险很大,你也许可以通过减小压力和减小仓位风险的方法提高利润(译者注:原文似乎不太通顺)。另一方面,如果你能处理好高风险,也许你需要做必要的调整,这些都涉及了解自己并做出某种平衡。

你的风险概况

我们设计了一个检查表和评分系统,你可以以此来确认自己的风险概况。这个概况可以告诉你你的仓位风险有多大,它会评估你的风险忍受度、风险水平和你的技术水平。通过回答以下问题可以给自己评分:

1.你对你正在交易的市场的风险有什么感受?(**根据你的观点回答**)

a.风险很低的市场，债券市场，没有使用杠杆，等等。（5分）

b.中等风险的市场，股票市场，等等。（10分）

c.高度风险的市场，期货，使用了杠杆，等等。（15分）

2.过去1年来你的总收益是多少？（如果交易时间不到1年，就算每个月的平均值，再乘以12）

a.50%或以上（5分）

b.10%到50%（10分）

c.亏钱，或低于10%（15分）

3.你的平均胜率是多少？

a.50%到100%（5分）

b.35%到50%（10分）

c.0%到35%（15分）

4.你的风险忍受度如何？**（根据你的观点回答）**

a.喜欢低风险（5分）

b.可以接受中等风险（10分）

c.享受高风险（15分）

5.你的交易水平如何？

a.1年下来持续赢利（5分）

b.1年下来打平（10分）

c.没有经验或总是亏损（15分）

6.你的平均回报率是多少？

a.3（5分）

b.2到3之间（10分）

c.低于2（15分）

把你的分数写在这里 _____

一旦你回答完了这6个问题，把你的总分算出来并写在上面。（每个答案后面就是分数）

分数不分好坏，这些分数只是为了判断哪种资金管理系统比较适合你。你的分数应该在 30 到 90 分之间。

评分：

☐ 30 到 50 分：你可以尝试更高的风险。如果你的风险是 2% 且一直赚钱，你可以尝试 3% 或更多。如果你的资金曲线下跌了，你就立刻减少风险。

☐ 50 到 70 分：你的风险中等始终，继续保持。

☐ 70 到 90 分：你应该减少风险。如果你的风险是 2%，减少到 1.5%。不要过度交易。减少风险百分比后，你的资金曲线会下跌。

你的纪律性如何

人们常说如果没有纪律性，交易者是无法获得持续一致的成功的。采用交易系统和资金管理系统都需要有纪律性。有时候像迟疑、恐惧和焦虑等情绪都会影响人。如果你没有自律性，你喜欢天马行空的想法，那么你就应该更加关注自己的系统。

你的自律性

我们现在要检查你的性格倾向，看看你是否有自律性。我们准备了一个观察列表和一个评分，你可以知道自己的状况：

1.你能做到准时吗？

a.一直很准时（5 分）

b.有时候很准时（10 分）

c.从不准时（15 分）

2.你的日常饮食如何？

a.健康的，有节制（5 分）

b.从没想过这个问题（10 分）

c.不健康，无节制（15 分）

3.你擅长做记录吗，你的账本是平衡的吗？

a.总是做记录并分析（5分）

b.通常做记录（10分）

c.有时候做（15分）

4.你的办公室是不是很零乱？

a.从不零乱（5分）

b.有时候很零乱（10分）

c.总是零乱（15分）

5.你能准时支付账单吗？

a.总是（5分）

b.通常都是（10分）

c.有时候（15分）

6.你会定期去锻炼吗？

a.是的，我有定期锻炼计划，我总是去锻炼（5分）

b.是的，我有定期锻炼计划，我有时候去锻炼（10分）

c.不，我没有定期锻炼计划（15分）

把你的自律分数写在这里：＿＿＿＿＿＿＿＿＿＿＿＿＿＿＿＿

一旦你回答了上面6个问题，请把分数加总和写在上面（答案后面就是分数）。

分数不分好坏，只是为了确定哪个资金管理系统对你最有用。你的分数应该在30分到90分之间，这个分数会告诉你如何确立自己的原则，并综合考虑你的优点和缺点。

评分：

☐ 30分到50分：你告诉自律，你可以轻松地遵守交易原则并做交易记录。你应该是左脑思考者，你在处理交易问题时可能有点麻烦。

☐ 50分到70分：你的状况正好，你应该是个全脑思考者，继续保持下去。

☐ 70分到90分：也许纪律性让你头痛不已。你真的要认真做好交易记录并分析你的交易结果。你应该是个右脑思考者,你在处理交易问题时是很轻松的。

你的舒适区域

本章的两个练习是为了确认你在风险和自律性方面的舒适区域。这两方面的分数能够帮助你定制自己的系统。这样就能把你的交易提高到更高的水平。

有时候我们要打破界限、打破舒适区域,创新并研究新的方法也能实现增长。

第 14 章　风险管理原则

现在你已经根据自己的需求设计了一个资金管理系统。当我们讨论以下原则时，你再想想你的风险概况和自律性如何。如果你还不知道这些，请赶快回到第 13 章回答那些问题。你还可以把第 03 章确认的优点和缺点融于你的资金管理系统。

比如，如果你的风险概况得分是 30 分，也许你可以提高你的风险百分比。如果你的分数是 90 分，也许你要降低你的风险百分比。这么做都能抬高你的资金曲线。

关于自律性，如果你的分数是 30 分，你是高度自律的人，一旦你完成了自己的系统，估计你就能轻松地执行它们。如果你的分数在 70 分到 90 分之间，你需要再花点时间完善你的系统。当你认识到了这么做的好处时，你一定要努力去做。

如果你根据第 03 章的内容确认了自己的优点和缺点，你可以考虑如何把它们融于你的资金管理系统。总而言之，全面地了解自己能够帮助你设计一个优秀的系统，产生更多的利润。

你必须遵守原则

你必须遵守原则，也就是你的原则。你要自己设计系统，自己选择最好的原则，所以请着手干吧！

我们将详细解释资金管理，把这个话题拆开来讲，一次讲一个步骤。等我们讲完时，你已经根据自己的需求打造了一个系统。阅读本章时最好用笔记写下你的思想。对于以下原则，请在你感觉最舒服的方框里面打钩。

当你检查这些原则时，请记住这些原则都是相对的。不同读者经历完全不同，观念也不同。你要自己决定这些观点对你是否有用，所以你要做选择，找到最适合你的观点。

你何时度假

有时候你交易不顺，也许你不能立即找到原因。此时你可能想休息一下，给自己放个假。以下检查列表中的内容可以帮助决定何时停止交易：

记住，这些只是例子。你应该根据自己风格选择这些原则。

一天内

☐ 连续亏了 2 笔
☐ 连续亏了 3 笔
☐ 亏了 500 美元
☐ 亏了 1000 美元
☐ 其他：_____

一周内

☐ 连续亏了 2 笔
☐ 连续亏了 3 笔
☐ 亏了 1000 美元
☐ 亏了 2000 美元
☐ 其他：_____

一个月内

☐ 账户亏损 10%

☐ 交易了 25 笔后亏损（完成了 25 笔交易后，你贴出亏损金额）

☐ 其他：_____

如果你完成了 25 笔交易后亏损，或者是你的资金曲线下跌超过了 15%，这不正常，此时要停止交易。这相当于放假了，你需要模拟测试找到问题所在。

你分心了吗？你是不是没有遵守交易系统的原则？是不是市场变化太大了，你的系统不适应了？无论是什么原因，你需要找到具体原因并保住你的资金。

你何时把钱拿走

对有些交易者来说，价格到达利润目标时最好兑现利润。如果利润太多，交易者有时候会失控的。成功会带来焦虑，如果你感到焦虑了，你有可能会伤害了自己，此时需要给自己放个假。以下是一些思路：

一天内

☐ 利润是 500 美元

☐ 利润是 1000 美元

☐ 利润是 2000 美元

☐ 其他：_____

一周内

☐ 利润是 1000 美元

☐ 利润是 2000 美元

☐ 利润是 5000 美元

☐ 其他：_____

有了这些度假计划，当你赚钱时你就感到很舒服了。你要确保会慢慢提高你的利润目标和资金曲线。你要迫使自己成长并按照自己最舒服的方式去做。

如何处理资金曲线的下跌

资金曲线的下跌不但会影响你的交易心理,还会影响你的交易账户。你要了解连续亏损时期的特点,这样可以减少负面效应。以下是一些思路供你参考。也许你有自己的想法,这些就当是增加的吧!

☐ 分析资金曲线下跌时问自己以下问题:

- 是不是正常的系统概率导致了资金曲线下跌?
- 是不是人为错误导致了资金曲线下跌?是什么样的错误?
- 如何避免错误,或减少错误?
- 是不是遵守了所有的交易系统原则?
- 你在进场前是不是设置了止损出场点?
- 你是不是及时止损了?
- 是不是要调整某些交易原则以减少资金曲线的下跌?
- 账户下跌的百分比是多少?
- 账户下跌的百分比和以前的资金曲线下跌一致吗?
- 账户亏损的金额是多少?
- 连续止损了多少笔?

其他问题:_____

☐ 当资金曲线下跌了10%时,减小交易量(参考破产风险表或使用最优 f 公式)。

☐ 如果连续止损了7次,减小交易量(参考破产风险表或使用最优 f 公式)。

☐ 当资金曲线下跌15%时,停止交易,开始模拟交易,直到赚钱后再用真钱交易。找到需要提高的地方。

☐ 如果连续交易了25笔还是亏损的,停止交易,开始模拟交易,直到赚钱后再用真钱交易。找到需要提高的地方。

☐ 其他:_____

☐ 其他：＿＿＿＿＿＿＿＿＿＿＿＿＿＿＿＿＿＿＿＿

你模拟交易赚钱后再用真钱交易，如果用真钱交易又亏钱了，这意味着你要在心理方面想想办法。如果你模拟交易赚钱，实战就亏钱，这说明你的心理受到了恐惧或其他情绪的影响。请回到第 04 章看看你能否确认这些问题。

你准备每笔交易亏损多少

关于每笔交易亏损多少百分比，我们已经谈论了多种确定的方法。通常当你的资金曲线下跌时，你可以减少交易量和仓位。现在你则可以确认哪个方法最好，请检查以下所有的原则：

☐ 每笔交易最多亏损 2%。

☐ 根据平均每个月的胜率和回报率计算最优 f 公式。

☐ 根据平均每个月的胜率和回报率，还有破产风险表计算最优的百分比风险。

☐ 资金曲线下跌后，把风险减少 25%。比如，如果我们的风险是 2%，那么资金曲线下跌后我会把风险降到 1.5%。

☐ 其他：＿＿＿＿＿＿＿＿＿＿＿＿＿＿＿

你的交易量是多大

当我们下单时，都要考虑到交易量的问题。你可以在进场点通过交易量控制风险。同理，出场时也可以通过交易量控制风险。根据佣金成本、进场点、出场点和风险百分比来决定你的交易量。

根据以上信息，你可以用交易量计算器算出你要交易的合约数。你也可以根据第 10 章的内容手工计算合适的交易量。

☐ 用交易量计算器决定合适的交易量。

☐ 用第 10 章的公式计算合适的交易量。

☐ 其他：_____

在任意时刻，你能接受的账户百分比风险是多少

之前的原则是针对单笔交易的风险的。这些原则则处理整个账户的百分比风险。再次说明，你要在任意时刻控制好整体风险。如果你同时交易10笔，每笔的风险是2%，那么整个投资组合的风险是20%，这个风险太大了。以下是一些控制整个账户风险的原则：

☐ 账户的整体风险是6%。比如，你可以交易3笔，每笔的风险是2%。

☐ 账户的整体风险是10%。比如，你可以交易5笔，每笔的风险是2%。

☐ 其他：_____

你愿意承受的净值风险百分比是多少

大部分人都同意活跃交易的风险大于投资。所以你要确认你的净值是多少，活跃交易时的风险百分比是多少比较现实。我的首要原则是风险不要大于净值的10%，如果你是比尔·盖茨或沃伦·巴菲特，你的风险可以大于10%。因此你要决定正确的数字。随着你净值的增加，你可以重新估算这些数字。

☐ 活跃交易账户的最大风险是净值的10%。

☐ 其他：_____

你何时平仓

出场点最好是有意义的支撑点或阻力点。在进场前就要确定好出场点。当你的止损点叫你出场时，你就要出场。

这听起来很简单，但是在实战时，情绪上很难做到止损。请参考第 07 章的内容设计你的原则。以下原则供你参考：

- ☐ 在进场前确定好初始止损出场点。
- ☐ 当价格到达止损点时，立即出场。
- ☐ 根据市场价格波动、关键的支撑点、关键的阻力点、成交量、波动性动力、基本面原则（并非指冲动的决定）设置止损出场点。
- ☐ 赚钱时用跟踪止损锁定利润。
- ☐ 用逐级平仓原则（请看下节）锁定利润并减少焦虑。
- ☐ 不要因为情绪原因移动止损点。
- ☐ 当你增加了交易量时（逐级加仓时），你要相应调整止损点。
- ☐ 如果你是日内交易者，当你要持仓过夜时，你要确保已经考虑了额外的风险。
- ☐ 止损不能太紧，以免当市场振荡时被反复止损。
- ☐ 其他：_____

你如何逐级平仓

当仓位赚钱时，逐级平仓是一个很好的锁定利润并减少焦虑的办法。你可以看看哪些原则适合你。以下思路供你参考：

- ☐ 第一次平仓30%，第二次平仓30%，剩下来的40%最后平仓。
- ☐ 第一次平仓三分之一，第二次平仓三分之一，剩下来的三分之一最后平仓。
- ☐ 如果市场跳空产生了50%利润，就平仓。比如，如果你在20.00美元做多一只股票，它向上跳空涨到了30.00美元，你可以平掉部分仓位以锁定利润。
- ☐ 其他：_____

你如何逐级加仓

逐级加仓会增大交易量和风险。当你这么做的时候你要认真地平衡你的风险和回报概率。请考虑以下原则：

- ☐ 只在赚钱时逐级加仓。
- ☐ 不向下摊平成本。
- ☐ 当你逐级加仓时，要根据新的交易量和止损点重新计算风险。
- ☐ 其他：_____

你如何分散投资

管理风险时分散是很关键的。方法有很多。所有的账户都要做到分散，包括投资账户和交易账户。这意味着你不能把所有的钱投入到你供职的公司。这么做潜在的风险是你会失去一切，包括你的工作、投资、退休计划，安然公司股票的持有者（也是职员）就是没有做到分散投资。首要原则：不要"把所有的鸡蛋放入同一个篮子里"。这样当篮子跌落时，你只会亏损一部分资产。

- ☐ 任意时刻每个板块的风险不能超过2%。比如，如果总账户的风险是6%，科技板块的风险是2%，能源板块的风险是2%，外汇板块的风险是2%。
- ☐ 其他：_____

建立你自己的交易记录原则

做交易记录对提高利润率很关键。这意味着你要每天计算相关数字，不是三天打鱼两天晒网，而是每天都要做。请回到第11章和第12章学习相关知识。以下原则供你参考：

- [ ] 每天跟踪每笔交易
- [ ] 写下进场价和出场价，并计算利润/亏损。
- [ ] 在整个交易过程中写下你的情绪和感受。
- [ ] 用表格记录每天、每周、每月、每年的所有总计。
- [ ] 每天、每周、每月、每年都分析这些数据。
- [ ] 根据事实数据做出必要的调整以提高资金管理系统和交易系统的业绩（不是根据曲解——避免曲解的表格信息——所以要确定自己运算了这些数字）。
- [ ] 把你的计分卡填满，这样你就能知道任意时期任意交易的胜率、回报率、佣金率、最大的单笔赢利、最大的单笔亏损、平均单笔赢利、平均单笔亏损、最大连续亏损笔数、平均连续亏损笔数、最大的资金曲线下跌、平均的资金曲线下跌、利润百分比、亏损百分比。
- [ ] 其他：_____

写下来

写下你已经采用的原则，并把它们录入你的电脑，或写在你的本子里面——哪个方法有用就用哪个方法。把原则写下来的过程就是为了把它们印入你的大脑，让它们变得更清晰。

当你写下以后，你的大脑就知道该怎么办了。你知道了逐级平仓原则、每笔交易的百分比风险、交易量原则，等等。现在就把它们写下来，这个过程非常重要。此时你决定按照你的资金管理系统走，你的大脑已经知道了该怎么做。

尾　声

我认为交易者资金管理系统可以把很多复杂的信息简化，这样你就可以直接采用了。一旦你采用了，我希望你能产生更多的利润。

我越来越喜欢交易的资金管理部分，我的理想是这本书能够让资金管理变得流行起来，变得"性感"起来，这样每个人都会享受研究资金管理的过程。我的想法就是一步一步地教会你怎么做。

我知道很多交易者害怕面对复杂的数学公式，但现在本书中的数学公式都很简单，很好上手的。我想为交易者做点事——去除对数学的恐惧感。

我想关键是抓住要害。只要你有了系统，你就能利用本书的资源去研究更复杂的方方面面（数学方面和其他方面）。只要你掌握了资金管理的基础知识，你就能提高自己的水平。

希望你能开心地做好风险管理，拥抱风险，再也不害怕风险了。

班尼特·A.麦克道尔
加州圣迭哥市
2008 年 3 月

附录 A 开始使用交易量计算器 30 天试用版下载

本书带了免费的 30 天试用版交易量计算器。你只有在 traderscoach.com 网站注册后才能使用交易量计算器。30 天到期后，你可以选择以打折价租用或购买这个软件。

一旦你注册了这个软件，你的电子邮件技术支持就自动开通了。因为 30 天免费试用是特殊的服务，所以技术支持仅限于电子邮件支持。如果你需要更多的服务，你可以到 www.traderscoach.com 寻求付费服务。你可以给我们打电话，也可以访问我们的网站。

电子邮件技术支持仅限于 30 天的技术问题而已。对于交易和投资方法问题，请研究本书，如果你认真研究了，你都会找到详细的答案的。

如何注册你的软件

进入 www.traderscoach.com 网站，点击本书封面图标，上面有所有的信息。

技术支持

再次说明，交易量计算器软件的技术支持只通过电子邮件提供。我们也提供电话支持，但是接线员只能回答通常的问题，不能回答技术问题。

电子邮件技术支持

每周 7 天，每天 24 小时，请把你的问题发送到：support@ trader-scoach.com。

根据我们收到的电子邮件数量不同，我们会在 1 到 24 小时之内回复你的问题。我们按照先来先到的原则提供服务。（有时候我们收到的邮件太多了，此时请耐心等待）为了确保我们能提供最好的技术支持，请你在电子邮件中把问题说得清清楚楚明明白白。

电话支持：每周 7 天，每天 24 小时，我们的电话是 1（858）695-0592。

附录B 交易者助理交易记录系统

本附录中的内容都是 traderscoach.com 发布的交易者助理的内容，包括空白表格、交易卡片和交易分类表。你可以把这些表格复印下来使用。当你复印的时候，你要记得把它们的尺寸放大。

最后在这些分类表上打3个洞，这样可以把它们装订在一起。交易卡片最适合于指数股票。你可以让复印店的人帮你按照最终尺寸复印出来。我们已经把这些表格的最终尺寸告诉你了，以下是具体尺寸：

1.每年交易分类表，正面，图B.1（最终尺寸是8.5英寸×11英寸）
2.每月交易分类表，正面，图B.2（最终尺寸是8.5英寸×11英寸）
3.每周交易分类表，正面，图B.3（最终尺寸是8.5英寸×11英寸）
4.每日交易分类表，正面，图B.4（最终尺寸是8.5英寸×11英寸）
5.每日工作表，正面，图B.5（最终尺寸是8.5英寸×11英寸）
6.所有的分类表，反面，图B.6（最终尺寸是8.5英寸×11英寸）
7.期货交易卡片，正面，图B.7（最终尺寸是8.5英寸×5英寸）
8.股票交易卡片，正面，图B.8（最终尺寸是8.5英寸×5英寸）
9.期权交易卡片，正面，图B.9（最终尺寸是8.5英寸×5英寸）
10.所有的卡片，反面，图B.10（最终尺寸是8.5英寸×5英寸）
11.交易计分卡，图B.11。

TradersCoach.com "交易者助理——交易记录系统卡片"							年份
每年交易分类表							
月份	交易笔数	赢利笔数	亏损笔数	毛利润 （美元）	佣金 （美元）	净利润 （美元）	累计净利润 （美元）
1月							
2月							
3月							
4月							
5月							
6月							
7月							
8月							
9月							
10月							
11月							
12月							
合计：							

当年最大单笔赢利	$	最大单笔赢利卡片号		当年平均单笔赢利	$
当年最大单笔亏损	$	最大单笔亏损卡片号		当年平均单笔亏损	$

笔记：

111802　　　　　　　　　　　　　　2002年 traderscoach.com 公司版权所有。

图 B.1　每年交易分类表，正面，交易者助理，traderscoach.com 网站

附录 B 交易者助理交易记录系统

TradersCoach.com "交易者助理——交易记录系统卡片"							分类表月份
每月交易分类表							
周	交易笔数	赢利笔数	亏损笔数	毛利润（美元）	佣金（美元）	净利润（美元）	累计净利润（美元）
1							
2							
3							
4							
5							
合计：							

当月最大单笔赢利	$	最大单笔赢利卡片号		当月平均单笔赢利	$
当月最大单笔亏损	$	最大单笔亏损卡片号		当月平均单笔亏损	$

笔记：

111802　　　　　　　　　　　2002 年 traderscoach.com 公司版权所有。

图 B.2　每月交易分类表，正面，交易者助理，traderscoach.com 网站

TradersCoach.com "交易者助理——交易记录系统卡片"						分类表周别（循环一） 1 2 3 4 5 本周的周一的具体日期		
每周交易分类表								
日	交易笔数	赢利笔数	亏损笔数	毛利润 （美元）	佣金 （美元）	净利润 （美元）	累计净利润 （美元）	
星期一								
星期二								
星期三								
星期四								
星期五								
星期六								
星期日								
合计：								
当周最大单笔赢利	$		最大单笔赢利卡片号			当周平均单笔赢利	$	
当周最大单笔亏损	$		最大单笔亏损卡片号			当周平均单笔亏损	$	

笔记：

111802　　　　　　　　　　　　　　　　　2002 年 traderscoach.com 公司版权所有。

图 B.3　每周交易分类表，正面，交易者助理，traderscoach.com 网站

附录 B 交易者助理交易记录系统

TradersCoach.com "交易者助理——交易记录系统卡片"									今天的日期	
每日交易分类表——成交的订单										
持有的仓位										
交易号	卡片号	代码	仓位	股数	买入（美元）	卖出（美元）	毛利润/亏损（美元）	佣金（美元）	净利润/亏损（美元）	累计净利润/亏损（美元）
1										
2										
3										
4										
5										
总仓位→										
今天新成交的订单										
今天的交易号	卡片号	代码	仓位	股数	买入（美元）	卖出（美元）	毛利润/亏损（美元）	佣金（美元）	净利润/亏损（美元）	累计净利润/亏损（美元）
1										
2										
3										
4										
5										
6										
7										
8										
9										
10										
当天总交易笔数→										
合计→										

当天最大单笔赢利：	$	最大单笔赢利卡片号：		当天平均每笔赢利：	$
当天最大单笔亏损：	$	最大单笔亏损卡片号：		当天平均每笔亏损：	$

111802 2002 年 traderscoach.com 公司版权所有。

图 B.4 每日交易分类表，正面，交易者助理，traderscoach.com 网站

TradersCoach.com "交易者助理——交易记录系统卡片"									今天的日期	
每日工作表——已经成交的订单										
状态	时间	代码	仓位方向	股数	信号	价格(美元)	成交(美元)	佣金(美元)	记录	备注

笔记：

111802　　　　　　　　　　　　　　2002年 traderscoach.com 公司版权所有。

图 B.5　每日工作表，正面，交易者助理，traderscoach.com 网站

"交易者助理——交易记录系统卡片"	
交易笔记	交易术语的标准缩写方式 你可以在"交易卡片"和"交易分类表"中使用这些速记缩写方式。 希望有更多的缩写形式出现。
	加仓·················A/O
	突破·················B/O
	平仓·················CLO
	佣金·················COM
	持有对应股票前提下的看涨期权······ ···············C/C
	美元······ $
	收盘后···············EOD
	到期·················EXP
	期货·················FUT
	市场·················MKT
	不持有对应股票···········NKD
	期权·················OPT
	期权成本···············PRE
	信号·················SIG
	价差·················SPD
	止损·················S/L
	止损出场···············S/O
	支撑·················SUP
	交易错误···············T/E
	跟踪止损···············T/S
	潜在优势···············U/A

111802   2002年 traderscoach.com 公司版权所有。

图 B.6 所有的分类表，反面，交易者助理，traderscoach.com 网站提供

操盘手的资金管理系统

交易卡片

期货　　　　　　代码　　　　　　　　　　　　　　　　　　　　　平仓日期　　111802

□ 多头仓位　□ 空头仓位　　□ 当天交易笔数　□ 仓位

卡片号　　　　　　　　　　交易时间框架
□ 期权资产　　□ 长线投资　　□ 短线投机

合约信息

买入　　□ 持有　□ 平仓
合约数　　　　合约单价（美元）　　　　　总额（美元）　　　　　佣金（美元）
日期 □□-□□　时间 □□:□□ 上午/下午　　　　　　　　　　　　（合约价格×合约数）　　　　总支出（美元）
　　　　　　　　　　　　　　　　　　　　　　　　　　　　　　　　（amount paid + commission）

卖出　　□ 持有　□ 平仓
合约数　　　　合约价（美元）　　　　　收到的总额（美元）　　　　佣金（美元）
日期 □□-□□　时间 □□:□□ 上午/下午　　　　　　　　　　　　（合约价格×合约数）　　　　收到的总额（美元）
　　　　　　　　　　　　　　　　　　　　　　　　　　　　　　　　（amount received - commission）

利润/亏损　　小计利润/亏损（美元）　　佣金总数（美元）　　　　净利润/亏损（美元）
　　　　　　　（收到的总额−支出总额）　（买入时的佣金−卖出时的佣金）　（收到的总额−支出总额）

账户　　经纪公司　　　　　　　　　　　　　　　账户号

想订购这个卡片：请把订单下给traderscoach.com，或打电话到(858) 695-1985。　　2002年traderscoach.com公司版权所有。

图B.7　期货交易卡片，正面，交易者助理，traderscoach.com网站

— 150 —

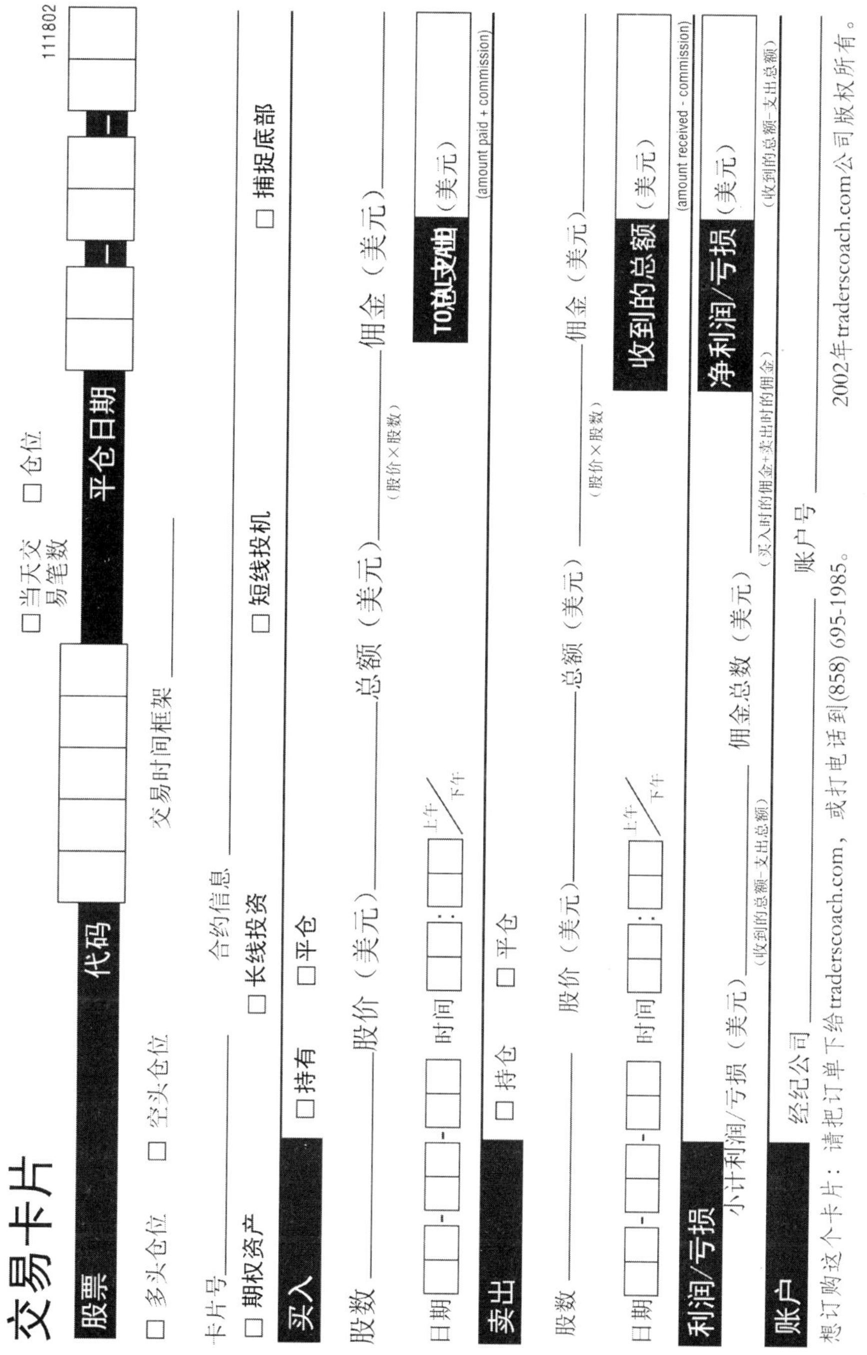

附录 B 交易者助理交易记录系统

图 B.8 股票交易卡片，正面，交易者助理，traderscoach.com 网站

交易卡片

☐ 当天交易笔数　☐ 仓位　111802

期权　代码 ____　**平仓日期** __ - __ - __

卡片号 ______　月份 ______　行权价 ______　UNDERLYING ASSET ______

☐ 看涨期权　☐ 看跌期权　☐ 行权　☐ 到期

☐ 持有对应资产的　☐ 不持有对应资产的　☐ 滚动 ____（交易数）____（交易数）　☐ 价差组合 ____（交易数）____（交易数）

买入　☐ 持有　☐ 平仓

合约数 ______（1份合约=100股）　期权价格（美元）______（每股）　支付的总额（美元）______（期权价格×股数）　佣金（美元）______

日期 __ - __ - __　时间 __ : __ 上午/下午　对应资产的价格（美元）______　**总支出**（美元）____ (amount paid + commission)

卖出　☐ 持仓　☐ 平仓

合约数 ______（1份合约=100股）　期权价格（美元）______（每股）　支付的总额（美元）______（期权价格×股数）　佣金（美元）______

日期 __ - __ - __　时间 __ : __ 上午/下午　对应资产的价格（美元）______　**总收入** $美元）____（收到的总额+佣金）

利润/亏损　**净利润/亏损**（美元）____（收到的总额-支出总额）

小计利润/亏损（美元）______（收到的总额-支出总额）　佣金总数（美元）______（买入时的佣金+卖出时的佣金）

账户　经纪公司 ______　账户号 ______

想订购这个卡片：请把订单下给traderscoach.com，或打电话到(858) 695-1985。

图B.9　期权交易分类表，正面，交易者助理，traderscoach.com网站

附录 B　交易者助理交易记录系统

止损							111802
日期	时间	信号	买入/卖出	股数/合约数		价格	实际成交

交易笔记

想订购这个卡片：请把订单下给 traderscoach.com，或打电话到 (858) 695-1985。

2002 年 traderscoach.com 公司版权所有。

图 B.10　所有的交易卡片，反面，交易者助理，traderscoach.com 网站

交易计分卡

Tradescoach.com 出版的交易者助理

日期：

循环 1	日	周	月	年
胜率：				
回报率：				
佣金率：				
最大单笔赢利：				
最大单笔亏损：				
平均每笔赢利：				
平均每笔亏损：				
资金曲线最大下跌百分比：				
平均资金曲线下跌百分比：				
利润/亏损百分比：				

图 B.11　交易计分卡，交易者助理，traderscoach.com 网站

设置你自己的交易记录系统

我们设计的交易者助理系统是为了帮助你有效地设置一个系统。为了做到这点，我们建议你到当地的文具店购买以下物品：

- 2 个三环活页夹，3 英寸大小的，用来做"工作手册"和"年度手册"。
- 2 个文件架，大小是 8 英寸×5 英寸，用来放"持有的交易仓位卡片"和"已经平仓的交易卡片"。
- 分页纸，把三环活页夹中的"年度手册"分成 1 月到 12 月。
- 分页纸，把三环活页夹中的"工作手册"分成 5 部分。

- 分页纸，把大小为8英寸×5英寸"已经平仓的交易卡片"分为1月到1月。
- 分页纸，把大小为8英寸×5英寸"持有的交易仓位卡片"分为从A到Z。

你至少要买2个三环活页夹用来放你的交易分类表。第一个三环活页夹是你的"年度手册"，第二个三环活页夹是你的"工作手册"。

对于年度手册，你需要分页纸，分成1月到12月。工作手册则需要5个空白的分页纸：

1. 每日工作表
2. 每日交易分类表
3. 每周交易分类表
4. 每月交易分类表
5. 每年交易分类表

当你每个月完成了工作手册，你就要把这些记录转到年度手册中。

在两个文件架上分别写上"持有的交易"和"已经平仓的交易"，并用分页纸把持有的交易分成A到Z。把已经平仓的交易按照1月到12月的顺序分开。

你可以根据代码的第一个字母把持有的交易分开。当这笔交易被平仓以后，你根据平仓的日期把卡片放入对应的月份中。

叫交易者助理适合你的要求

我们教给你的开发系统的大思路只是起点。当然了，你可以用适合你的方式来开发系统。有些学生喜欢在一张纸上做交易卡片，正面在上面，反面在下面，这样就能一起放入三环活页夹了。

请记住，我开发的系统是为我自己开发的，我喜欢用索引卡的方法。这么做的主要目的是为了捕捉到统计数据和历史数据，还能捕捉到心理感受和利润/亏损统计数据。你可以自己决定需要哪些数据，我们只是告诉你一个初步的方法而已。

交易者助理表格还有 pdf 格式的

如果你喜欢使用 pdf 格式的表格，你只用支付一点点费用就可以从 traderscoach.com 网站下载。另外，你可以到 traderscoach.com 网站购买所有的表格和系统。我们很乐意帮助你处理交易记录相关的问题，你可以通过网站联系我们或打电话到 858-695-0592。

附录 C 模拟交易的艺术

在用真钱交易之前，采用模拟交易的方法先实现利润是有好处的。虽然模拟交易的心理感受和实战交易时不同，但你可以在轻松的环境下实践你的交易技术并关注交易原则。模拟交易可以让你在不亏钱的前提下磨炼你的交易技术。

如果你是我的学生，或者你已经阅读了我的书《交易艺术》，那么你早就应该知道我喜欢模拟交易。讽刺的是，很多人为此吵闹不已，我的少数学生也公开宣称反对模拟交易。我们会讨论一下模拟交易的方方面面。

每个金融市场都是竞技场

交易是零和游戏。当你进入金融市场时，你就在和一些高级交易者在竞争。如果你是新手，你就要和更有技术、更有经验、资金更多的交易者竞争。要想获得战斗机会，你就要像专业人士一样有技术。做不到这点，你就无法取得持续一致的成功。

最好的形成技术的方法就是模拟交易，模拟交易时你没有亏钱的压力。如果你做模拟交易都不能赚钱，那么用真钱交易时压力会更大，你如何实现赢利？

我之前说过，有些交易者认为模拟交易没有实战交易时的心理情绪，所以模拟交易是没用的。我强烈反对这个观点。如果你刚开始做模拟交易，你会吃惊地发现模拟交易也会产生像实战一样的情绪上的此起彼伏——前提是你要像实战一样认真。

等你掌握了自己的交易技术，你再研究用自己含辛茹苦挣来的钱进行实战时的心理和情绪。最好是通过模拟交易形成自己的交易方法，然后再形成自己的交易心理。

不要对模拟交易没有耐心，要花点时间形成你自己的交易技术和交易方法。这个时间是要付出了，不能另辟蹊径。

模拟交易的10步计划

1.设计你的交易原则和资金管理原则。当你设计了你的交易原则（要么是技术的，要么是基本面的，或两者结合）后，用检查列表的形式把它们写下来。进场点、出场点，每个方面都要写下来。用同样的方法把你的资金管理原则也写下来。

2.开始模拟交易。当你的原则都确定以后，你就要开始用同样的时间框架进行实战交易。

如果你有时间做日内交易的话，最好选择你最喜欢的市场。因为日内交易可以让你频繁交易并在一定时间内让你积累更多的经验，所以日内交易可以缩短你的学习曲线。

你可以看看趋势交易、剥头皮交易、逐级加仓和逐级平仓这些方法中哪种比较适合你。通过模拟的环境尝试和犯错，你就能知道必须遵守哪些原则。

3.评估你的业绩。就像用真钱交易一样把你的交易结果记录下来。请使用交易者助理交易记录系统（请参看第12章）。

4.把25笔交易算作一大手。分别计算25笔交易的利润/亏损、平均赢利/亏损、最大赢利/亏损、赢利的笔数、亏损的笔数、连续赢利的笔数、连续亏损的笔数。如果连续25笔交易总体是赢利的，那么就说明这是赢利的一大手。

5.不断练习，直到赢利。不断地分析你的交易结果并相应做出调整，直到你开始赢利并感觉不错为止。

6.实现连续三大手赢利。在用真钱实战前，要保证模拟交易时连续三大手是赚钱的。如果你是日内交易者，你要保证交易的时间足够长，这样你才能体会上涨的趋势、下跌的趋势等市场。

7.坚持按照25笔一大手的模式交易。当你用真钱交易时，尽量去分析25笔的利润/亏损，等等，看看你的业绩如何。

8.重新评估你的方法。如果你用真钱交易了25笔以后没有赚钱，请停止交易并继续进行模拟交易。

如果你模拟交易时又立即赚钱了，那么这说明你的交易心理有问题，你需要一个交易教练帮助你解决心理问题。

如果这次你的模拟交易并没有赚钱，那么可能是因为你上次运气比较好，当市场周期变化时，你就不能赚钱了。你的交易方法需要进行调整。

除非你有一个确信能赚钱的系统，否则你无法知道是交易方法的问题还是心理的问题。

9.体验亏损。如果你连续亏损6笔，且/或资金曲线下跌了15%，那说明市场周期、波动性或时间框架可能发生了变化。你必须尽快针对这些变化做出调整。

10.资金曲线严重下跌时，请采取以下步骤。

a.停止用真钱交易。再回到模拟交易，交易同样市场并采用同样的时间框架。如果你连续25笔交易是赚钱的，你再用真钱交易。

b.调整你的原则，看看是不是某些原则导致了资金曲线下跌。如果是这样，再用模拟交易去确认你的原则。

调整时间框架，看看最好的时间框架是哪个。

胆小鬼才做模拟交易！

对于那些认为模拟交易没用的人来说——此时他们可以提出反对模拟交易的理由。我常听见的理由如下：

1. 模拟交易无法让你体验同样的情绪。这个说法在某种程度上是正确的，为此争论似乎不够明智。在医学院，医生会不会拿鲜活的病人开刀以学习手术知识？我想医生是不会这么做的。交易事关生死——指财务上的生死，你要尊重模拟交易并从中学到相关知识。

2. 你会对模拟交易上瘾的。有些人交易时间长了可能不敢进行实战交易。如果你认为系统可以连续三大手（每手25笔）赚钱，为何你不敢进行实战呢？如果你能证明自己能赚钱，那肯定没问题。如果你不能证明自己能赚钱，你要处理好相关问题。

3. 模拟测试是唯一测试系统的方法。模拟测试的方法很多。模拟交易在本质上就是一种测试方法。esignal有回溯测试功能，让你就像在真实的市场交易一样，你只要一次移动一条竹线，感觉就是在实战交易。用这种方法测试系统时，你不但测试了系统原则，你还能体会到相关的情绪，你还可以测试自己遵守原则的能力。

4. 模拟交易工作量很大。是的，模拟交易要求你认真完成3个25笔交易。任何有价值的东西都是需要你去花时间去做研究工作的，模拟交易的结果就是价值。这点我已经见证了很多次了。问题是，你会不会觉得赚钱又快又轻松？如果你真的很享受交易的过程，你对每个步骤都很感兴趣，那么你不会觉得交易是一种工作。

5. 胆小鬼才做模拟交易。当然了，没人直接对我这么说过，但他们的意思就是这样。真正的男子汉是不会做模拟交易的。事实上，模拟交易能有效地帮助你磨炼技术，这并不是害羞的事。

你如何看待模拟交易?

你如何看待模拟交易才是最关键的。我衷心地希望你能看见模拟交易的好处并开始通过模拟交易测试你的原则。

对于有经验的高级交易者,他们已经有了赚钱的系统,他们的思想比较开放,他们会在资金曲线下跌时通过模拟交易面对挑战。你也可以用同样的方法看看资金曲线的下跌是不是因为新方法导致的。

附录 D 相关资源

书籍和音像制品资源

可以到亚马逊网站购买

网址是 www.amazon.com

交易者出版社

网址是 www.traderspress.com

电话是 1-800-927-8222，1-864-298-0222

交易者图书馆

网址是 www.traderslibrary.com

电话是 1-800-272-2855，1-410-964-0026

推荐书籍

约翰威立父子公司 1992 年出版的瑙泽·鲍尔绍拉的《期货交易者资金管理策略》。

约翰威立父子公司 2001 年出版的图莎尔·钱德的《超越技术分析：如何开发并应用赢利的交易系统》第二版。

约翰威立父子公司 2008 年出版的班尼特·A. 麦克道尔的《交易艺

术：结合使用科学技术分析和 ART》。

约翰威立父子公司 1990 年出版的拉尔夫文的《投资组合资金管理公式：期货，期权和股票的数学交易方法》。

期刊报纸杂志

《股票和商品技术分析》

网址是 www.traders.com

电话是 1-800-832-4642，1-206-938-0570

一年出 13 期

每年的订阅费用是 64.95 美元

《交易者世界》

网址是 www.tradersworld.com

电话 1-800-288-4266，1-417-882-9697

每年出 4 期

订阅费用是每年 19.95 美元

《期货》杂志

网址是 www.futuresmag.com

电话是 1-800-458-1734，1-847-763-9252

每年出 11 期

订阅费用是每年 68.00 美元

《活跃交易者》

网址是 www.activetradermag.com

电话是 1-800-341-9384，1-312-775-5421

每年 12 期

订阅费用是每年 59.40 美元

《SFO》（股票、期货和期权）

网址是 www.sfomag.com

电话是 1-800-590-0919，1-319-268-0441

每年 12 期

《IBD》（投资者商业日报）

网址是 www.investors.com

电话是 1-800-831-2525，1-310-448-6600

每年 250 期

订阅费用是每年 295.00 美元

《华尔街日报》

网址是 www.wsj.com

电话是 1-800-568-7625

每年 360 期

订阅费用是每年 249.00 美元

《巴伦周刊》

网址是 www.barronsmag.com

电话是 1-800-568-7625

每年是 45 期

订阅费用是每年 179.00 美元

培训

TradersCoach.com：TradersCoach.com 网站是班尼特·A. 麦克道尔

于 1998 年创建的，本网站是给交易者提供培训和支持的全球领导者。为了提供脚踏实地的交易和投资方法，TradersCoach.com 一直保持着正直的形象，目前 TradersCoach.com 是"商业改进局"的会员。

我们提供的产品和服务包括在线培训、ART（应用现实交易）技术分析软件、交易者助理交易记录系统和交易量计算器软件。另外班尼特·A. 麦克道尔还为全球个人交易者提供培训和咨询服务，培训范围包括资金管理到心理系统的建设，无所不包。如果你想了解更多的免费信息，请访问我们的网站。

网址是 www.traderscoach.com

联系人：吉恩·麦克道尔

电话是 1-800-695-6188，1-858-695-0592

交易同盟：这是一个非营利性组织，它为交易者和投资者提供有价值的支持和信息。他们的目标是为金融界的公司提供管家式的服务。他们会研究并开发高质量的产品和服务。

另外，交易同盟还开发了一个方法叫"交易者生命循环"。网上的访客可以知道他们处于"声明循坏"的哪个阶段，未来会向哪个阶段走。这个网站上面还有一些交易领袖级人物的研讨会和演讲内容，班尼特·A. 麦克道尔也是其中一个。

交易同盟

网址是 www.colleaguesintrading.com

联系人：莎伦·吉瑞拉特

交易者博览会，货币展，交易博览会和网上大学的金钱博览会：交易者博览会会吸引活跃交易者，而金钱博览会则会吸引投资者。这些博览会都会邀请像本书作者班尼特·A. 麦克道尔这样的人物发表演讲。

大部分活动都是免费的，博览会一般会持续 2 到 4 天，博览会期间会举办很多研讨会和工作坊，你可以随时参与，讨论的话题从资金管理到系统设计，到退休投资组合等。

美国的很多城市都会举办交易博览会（货币展会只在英国伦敦举办）。如果你想了解博览会在哪里举办，你可以参照下面的网址和电话。我们给出的信息是写作本书时的信息，随着时间的推移，这些信息可能已经过时了，所以请你最好上网去确认博览会的时间地点。

还有一个不错的培训机构就是 moneyshow.com 大学。你可以上网学习。像班尼特·A. 麦克道尔这样的培训界领导级人物都会在网上讲课，请珍惜能免费学到资金管理的机会。

货币展大学
网址是 www.moneyshow.com

交易者博览会——纽约市
每年 2 月
网址是 www.tradersexpo.com
电话是 800-970-4355

交易者博览会——加州
每天夏天
网址是 www.tradersexpo.com
电话是 800-970-4355

交易者博览会——内华达州拉斯维加斯
每年的 11 月
网址是 www.tradersexpo.com
电话是 800-970-4355

货币展和交易博览会——华盛顿特区
每年秋天

网址是 www.moneyshow.com/msc/investors/calendar.asp

电话是 800-970-4355

货币展和交易博览会——加州旧金山

每年 8 月

网址是 www.moneyshow.com/msc/investors/calendar.asp

电话是 800-970-4355

货币展和交易博览会——内华达州拉斯维加斯

每年 5 月

网址是 www.moneyshow.com/msc/investors/calendar.asp

电话是 800-970-4355

货币展和交易博览会——英国伦敦

每年 12 月

网址是 www.moneyshow.com/msc/investors/calendar.asp

电话是 800-970-4355

货币展和交易博览会——佛罗里达州奥兰多市

每年 2 月

网址是 www.moneyshow.com/msc/investors/calendar.asp

电话是 800-970-4355

术语表

收集派发（缩写是 A/C） 这是一个动量指标，这个指标通过价格和成交量资金流的背离来判断交易者或投资者是否在收集（买入）或派发（卖出）特定的金融工具。

美国证券交易所（缩写是 AMEX） 是排在纽约证券交易所后面全美国第二大的证券交易所。因为美国证券交易所的上市门槛比纽约证券交易所的上市门槛低，所以很多小公司在美国证券交易所上市并发行债券。美国证券交易所在纽约市。

年利率（缩写是 APR） 一个时期内的利率乘以一年内的时期数。比如，每个季度的利率是 5%，那么年利率就是 20%。

应用现实交易（缩写是 ART©） 应用现实交易是一个技术分析系统，它是班尼特·A. 麦克道尔开发的，它关注的焦点是金融市场的现实情况。ART 软件可以让投资者和交易者在任何市场任何时间框架下使用。这个软件能通过优秀的自己管理原则在图表上显示明确的进场和出场信号。

APR 请参照年利率。

ART 空头竹线　如果价格在收盘时收在竹线的下半部分，那么这条竹线就叫 ART 空头竹线。这个定义是根据收盘情况和竹线的间隔时间决定的。收盘时空头控制了市场。(ART 确认空头和多头的方法和其他系统不同)

ART 多头竹线　如果价格在收盘时收在竹线的上半部分，那么这条竹线就叫 ART 多头竹线。这个定义是根据收盘情况和竹线的间隔时间决定的。收盘时多头控制了市场。(ART 确认空头和多头的方法和其他系统不同)

ART 延长竹线　这条竹线比前面的 3 到 5 条竹线至少长三分之一。

ART 反转竹线　在 ART 出现了反转信号后的竹线，可以在此时进场反向交易。

ART 中性竹线　收盘时开盘价和收盘价都在竹线的中间处。收盘时多头和空头处于僵持状态。

ART 一条竹线反转（缩写是 1B）　这个信号可以确认进场点和出场点，还可以在有趋势的市场中逐级加仓和逐级平仓。这个反转信号把一条竹线当作信号竹线，也就是同一条竹线确认了进场点和止损出场点。它可以用在所有的市场和所有的时间框架内。

ART 信号竹线　当使用 ART 反转时用来进场的竹线。ART 交易软件会在竹线上面标出 1B 或 2B 的信号。

ART 两条竹线反转（缩写是 2B）　这个信号可以确认进场点和出场

点，还可以在有趋势的市场中逐级加仓和逐级平仓。这个反转信号要求有两条竹线，第一条竹线用来做止损出场点，第二条竹线或信号竹线用来做进场点。它可以用在所有的市场和所有的时间框架内。

卖出价 也叫卖出报价。这是卖家愿意接受的价格。买入价和卖出价之间的价差叫买入价价差和卖出价价差。

资产 交易中任何有价值的资产。

资产分配 决定持有哪种资产，资产的百分比是多少的过程。随着状况的变化，每个资产的分配额是不同的。

价平 如果期权的行权价等于对应资产的价格，那么这只期权就是价平状态。

平均真实波幅（缩写是 ATR） 能帮助确认一段时期内市场的波动性。它的计算方法就是计算一段时期内的真实波幅的平均值。

模拟测试 模拟测试就是用历史数据测试技术或基本面交易系统，以确定系统的业绩。模拟测试能知道过去的业绩，但不能保证未来的收益。esignal 有模拟测试功能，还有模拟回放功能。回放时你并不知道图表右边的行情，这样你就能像实战一样做决定。

资产负债表 个人或企业列出了所有资产和负债的表格。资产减去负债的值叫作净值，或叫资产净值。

总体成本 你为资产付出的成本。如果你以每股 10 美元的价格买入一只股票，佣金是每股 1 美元，那么你的总体成本是每股 11 美元。

空头　有人认为价格会下跌,对未来市场表示悲观。

熊市　长期下跌的市场。一些负面消息导致市场下跌的。通常下跌超过了20%。不要和修正行为混淆了。

买入价和卖出价价差　买入报价和卖出报价之间的价差。随着供需关系的变化,这个价差数值会有大有小。

买入价　买家愿意支付的价格。

黑色星期一　指1987年10月19日,道琼斯工业平均指数在前一周下跌的前提下又跌了508点。

黑盒子系统　这是100%的机械交易系统,因为你根本不用操心什么。这种系统的缺点就是不能适应始终在变化的市场循环。现实地说,所有的系统都要求使用者保持一定的谨慎心态才能实现长期一致的利润。ART并非是黑盒子系统。

蓝筹公司　大型的、全球知名的、财务健康的、总是销售高质量产品和服务的公司。比如通用电子公司和IBM公司。

债券　投资债务。投资者通过买入债券的形式借钱给机构并收取固定的利息。当债券到期时,投资者能收回本金。

债券市场　债券市场也叫固定收入市场,市场参与者通常是通过购买债券的形式买卖证券。

振荡的市场 也叫整固的市场、区间振荡的市场、波动的市场、沉睡的市场、横盘振荡的市场或没有趋势的市场。这样的市场被限制在了阻力区和支撑区之间。在图表上看就是水平的线。当振荡区间的竹线大于 20 条之后，有时会发生大行情。

突破 振荡区间的竹线大于 20 条后，价格突然朝某个方向波动，也就是突破了振荡区间的最高价或最低价。

经纪人 个人或网上的公司，他们帮客户执行订单并收取佣金；他们必须在交易所注册后才能帮客户交易股票、债券、商品或期权。

多头 有人认为价格会涨，对市场的未来表示乐观。

牛市 价格长期上涨的市场。好消息导致了这种市场状况。过去 70% 的市场都是牛市。

买 买入资产。

买方市场 供大于求的市场，导致价格下跌。

看涨期权 持有人有权利在特定时期以特定价格（行权价）购买特定数量股票的一种期权合约。发行看涨期权的人把这种权利卖给了买家。

K 线 日本人发明的一种竹线图，如果收盘价大于开盘价，这两个价格之间的实体是红色，如果收盘价小于开盘价，这两个价格之间的实体是绿色。

本金 你准备用来交易做投资的钱。这是风险本金，意味着你可能会失去这些钱。

每股现金 现金总额除以股票总数。如果一家公司的每股现金率高，那么就说明这家公司很有钱，也许这家公司就是低风险公司或被低估了。

中央银行 每个国家负责制定货币政策、印钱、管理储备、控制通货膨胀的机构。在美国，中央银行就是美联储。

通道市场 也叫振荡的市场、整固的市场、没有趋势的市场。

图表 显示市场价格波动的图表。最常见的图表是竹线图，它能用一条竹线显示开盘价、最高价、最低价和收盘价。

图表分析 研究价格图表，找到一些过去的涨跌模式。它的基本概念就是当前市场的模式也许会预测价格的波动方向。做图表分析的人也叫技术分析交易者或叫投资者。

芝加哥交易所（缩写是 CBOT） 1848年创建的，芝加哥交易所的主要品种是期货和期权。芝加哥交易所有3600多个会员，他们交易的期货和期权品种多达50种。CME集团在2007年合并了芝加哥商业交易所（缩写是 CME）和芝加哥交易所。

芝加哥期权交易所（缩写是 CBOE） 1973年创建的，芝加哥期权交易所主要用来交易个人证券、指数或利率对应的期权合约。芝加哥期权交易所是全球最大的期权市场，大部分期权都在这里交易。芝加哥期权交易所领先做出了金融创新和技术创新，电子交易就是芝加哥期权交易所首先采用的。

芝加哥商业交易所（缩写是 CME） 1898 年创建的，当时叫芝加哥黄油和鸡蛋交易所。这个交易所一开始是非营利机构。2000 年 11 月交易所进行了股份制改造，在 2002 年 12 月上市，2007 年 7 月和芝加哥交易所合并了。芝加哥商业交易所的品种有利率、股票、外汇和商品。芝加哥商业交易所的期权和期货合约持仓量是全世界最大的。有两种交易方式：一种是在场内公开叫卖；另一种是通过芝加哥商业交易所的电子交易系统（缩写是 globex©）进行交易，70% 的成交量都是通过电子交易系统交易的。

芝加哥商业交易所集团（缩写是 CME 集团） 是全世界最大的，品种最多的交易所。由芝加哥商业交易所和芝加哥交易所于 2007 年合并而成的，芝加哥商业交易所集团为全球的客户提供风险管理服务。作为一个国际市场，芝加哥商业交易所通过电子交易系统和交易场内把买家和卖家联系到一起。

振荡的市场 请看前面振荡的市场定义。

恶意炒单（过度交易） 经纪人为了得到更多的佣金收入而进行过度交易。这种做法是没有道德的，损害了客户的利益。

收盘后 收盘后的时间，有时候指收盘价。

佣金 经纪公司执行交易后收到的费用。

佣金率 佣金总额除以利润总额就是佣金率。如果交易者是亏损的或回报率不到 1，那么就不能使用这个公式。

商品 交易所交易的实物商品，比如谷物、食物、肉类、金属，等等。

整固的市场 也叫振荡的市场、通道市场、横盘振荡的市场或没有趋势的市场。

消费者物价指数（缩写是 CPI） 劳工统计局公布的数据，这个数据主要用来衡量通货膨胀。它会计算很多消费品和服务的价格变化。

一份合约 一份商品或期货合约，和一股股票很相似。

反向交易者 交易者和投资者，他们认为和市场中的大部分人的观点反着做可以赚钱。

修正 在长期有趋势的市场中出现的快速价格反转。

艾略特波浪理论中的修正浪 艾略特波浪理论包括主推浪和修正浪。通常在主推浪之后就会出现修正浪。

逆势交易 一种交易策略，投资者或交易者逆着当前趋势的方向交易以希望赚点小钱。

回补 平掉当前持有的仓位（如果是做多的，就是卖出；如果是做空的，就是买入）。

有对应股票的看涨期权 卖出看涨期权，同时持有期权对应的股票。

有对应股票的看跌期权 卖出看跌期权，同时持有对应股票的空头仓位。

数据 实时行情数据是由数据服务提供商和经纪公司提供给交易者或投资者的。这些数据可以用来做技术分析，并提供了价格和成交量信息。因为数据服务提供商获得实时数据的成本比较高，所以他们对于实时数据的收费也比较高。日内交易者需要实时数据。收盘后数据则是收盘后提供的最终数据。数据服务提供商对收盘后数据的收费比较便宜，投资者和仓位交易者需要这种数据。

日内交易 这笔交易是当天建仓，当天平仓的。

日内交易者 日内交易就是指在当天买入并卖出金融资产的行为，所有的仓位都会在收盘前平掉（不一定总是这么做）。采用日内交易方法的人就是日内交易者。

债务股本比 这个比率显示了一家公司的账户和股本的关系。这个数据用来评估公司的最优资本结构。

小数 股价波动的最小数字。

通货紧缩 商品和服务的价格下跌，通常是紧缩的货币供应导致的。通货紧缩会导致经济衰退，失业率增加。不要和制止通货膨胀混淆了。

谨慎交易者 交易者根据自己的分析做决定，而不是根据电脑黑盒子系统的信号做交易。优秀的谨慎交易者都是自己开发系统，然后在交易时谨慎行事以提高自己的业绩。

制止通货膨胀 商品和服务的价格上涨放慢了,也可以理解为通货膨胀放慢了。不要和通货紧缩混淆了。

背离 当相关市场或指标创造了新高或新低时,正在观察的市场或指标并没有同步跟随。有些分析人士把背离当作即将到来的顶或底的信号。

分散 投资于多种市场或板块以降低风险。不要把所有的鸡蛋放在一个篮子里面!

分红 支付给股票持有人的钱,公司赢利时通常会按照季度发放。

DJIA 请参看道琼斯工业平均指数。

平均成本投资法 定期投入固定金额以降低某只股票的成本。

双巫日 期权和期货同时到期的日子。

向下摊平成本 在亏损的仓位上加仓。

道琼斯工业平均指数(缩写是 DJIA 或 Dow) 美国 30 只蓝筹股的加权指数。这个指数也叫道琼斯。

下跌趋势 一个市场的价格倾向于下跌。

资金曲线下跌 因为亏损或所持有的仓位总值下跌导致账户总值下

跌。资金曲线下跌幅度小是交易者或投资者的理想追求。

优势　请参看回报率。这是系统给你的优势。

电子迷你盘　比正常市场小的期货市场。

每股收益（缩写是 EPS）　公司的税后净利润除以总股数。

赢利股价比（缩写是 E/P）　就是把公司的每股赢利除以股价。这是市盈率的倒数。

有效市场　这个理论认为市场可以快速有效地消化吸收所有的信息。

艾略特波浪理论分析　根据拉尔夫·纳尔逊·艾略特的理论分析市场的方法。这个理论比较复杂，它的基本概念就是市场以波浪的形式波动，主趋势有 5 个波浪，然后是 3 个反向的修正波浪。

进场点　你下单的价位。这是和出场点对应的。当你在进场点下单时，你要事前确定你的初始出场点——请参看止损出场点。进场点和出场点的距离能决定你的交易量。

证券市场　股市。

资金　账户总额。

资金曲线　以图片形式展示的长期账户价值。

交易所交易基金（缩写是 ETF） 这种证券跟踪特定的指数、股票和一篮子资产，可以像股票一样在交易所交易。

行权 根据期权合约的规定在到期前买入或卖出期权。

出场点 你平仓的价位。这是和进场点对应的。进场点和出场点的距离能决定你的交易量。

到期日 期权到期作废的最后一天。对于股票期权，它的到期日是到期月的第三个周五。

假突破 价格短期内突破了前高或前低，然后又向反向走去。比如，如果股价在18美元到20美元之间振荡，然后价格涨到了21美元，又快速跌到18美元，那么涨到21美元就是假突破。

联邦公开市场委员会（缩写是 FOMC） 由12个人组成的委员会，负责为美联储制定借贷利率和利息政策。他们直接制定贴现率并通过买卖政府证券来控制联邦同业拆借市场利率。他们在主席的监督下每年聚会8次。

美联储理事 他们通过货币政策管理经济。美国总统负责任命7名理事，任期为14年。

美联储（缩写是 Fed） 是美国的中央银行系统，负责管理货币和借贷市场。它为美国其他银行和政府服务。

斐波那契回调 针对前一个趋势的回调幅度一般是38.2%——这个数字是根据斐波那契数列来的。

斐波那契数列　这个数列的第一个数字是 1，第二个数字是 1，然后以此把前面两个数字相加的结果作为第三个数字。因此这个数列是 1，1，2，3，5，8，13，21，34，55，89，等等。随着数字的增加，连续两个数字的比率越来越接近于 0.618。随着数字的增加，交替的两个数字的比率越来越接近于 0.382（比如 21 和 55）。这些比率——0.618 和 0.382 可以用来预测价格波动的回调。

成交　订单在某个价格被成交了。比如，如果订单下在 32.00 美元，但是在 32.25 美元成交的，那么成交价是 32.25 美元。

过滤器　一个指标，按照特定的标准选择数据。太多的过滤器会导致过去优化。

金融工具　任何筹措资金的工具都可以叫作金融工具。金融工具可以分为现金工具和衍生工具。现金工具的价值由市场直接决定。它们还可以被分为可以转换的证券和需要借贷双方同意的债券，存款等。衍生工具则来自其他金融工具。它们可以被分为交易所交易的衍生工具和场外交易的衍生工具。如果是债券，还可以被分为短期的（不到一年）或长期的。既不是债券，又不是股票的对外交易工具则属于其他类别。

空仓　当你没有仓位或在收盘前全部平仓了，那么你就是空仓。

场内交易者　交易所的会员在场内为了个人利润交易。

预测　个人预测未来市场的行为就叫预测市场。他们喜欢用像 MACD、随机指标和艾略特波浪理论等指标来做预测。预测市场就像是在预测天气，很难实现持续一致的准确性。

外汇市场　外汇交易市场用来交易外汇。这是全世界最大的金融市场，大型银行、中央银行、外汇投机者、跨国公司、政府、其他金融市场和机构都在从中交易。

基本面分析　使用经济数据和新闻数据分析金融市场的行为。比如，分析外汇市场的基本面就要关注通货膨胀率、利率、经济增长率和政治因素。评估股票时，基本面分析人士就要研究金融、价值、赢利、债务、管理、运作、竞争和其他相关数据。基本面分析和技术分析常常是相反的，有些投资者和交易者会同时采用两种分析方法。

期货　当商品交易所加入了股指期货合约和外汇合约时，期货的概念就扩大了。

期货市场　是一种拍卖市场，参与者买卖在特定日期交割的商品/期货合约。在场内，人们通过叫卖和打手势做交易。

江恩理论分析　根据20世纪上半叶著名的股票和商品交易者威廉·江恩创造的各种技术理念进行市场分析。

跳空缺口　一个价格区间，在此区间内没有发生过交易。比如，如果头一天市场的最高价是20美元，第二天开盘价是22美元，那么20美元和22美元之间的价格区间叫作向上的跳空缺口。如果价格区间是从22美元到20美元，那么就叫作向下的跳空缺口。有时候美联储公告或公司的赢利公告都会立刻产生跳空缺口。

Globex©　芝加哥商业交易所的电子交易平台。1987年提出构思，1992年就引入了第一个全球电子交易平台。这个电子交易平台让市场参与者既可以在交易所内交易，也可以在千里之外的家中或办公室里交易。

订单一直有效，除非取消（缩写是 GTC） 如果你选择了这个功能，那么你的订单不管过了多少个交易日都是有效的，直到订单被成交或取消为止。

国内生产总值（缩写是 GDP） 国家在一定时期内的产品和服务总额。在美国国内生产总值是一个衡量经济健康状况的常用指标。

牢靠的评估 根据现实情况制定的交易和投资原则，不是根据预测制定的。比如，根据价格和成交量所做的投资就是牢靠的评估。ART的信号都是牢靠的评估。

对冲 为了减少风险用其他投资品种来抵消风险。

对冲基金 不受监管的投资组合（不像共同基金），也许会投资于高度投机的市场，包括期权。

避险者 市场参与者通过仓位减少价格风险。避险者的仓位和投机者的仓位是相反的，投机者接受风险，期望通过价格波动赚取利润。

高概率 统计数据表明交易或投资成功的概率比较高。

更大的时间框架过滤器 用更大的时间框架确认主要的时间框架。

双曲线波动 剧烈明显的行情。当这种行情发生时，你可能要逐级平仓以锁定利润。

立即执行或取消（缩写是 IOC） 当你选择了这个功能，你的订单会被立即成交或部分成交，没有成交的订单则被立即自动取消。

艾略特波浪理论的主推浪 主趋势有 5 波浪（主推浪），然后是 3 波修正浪。

指数基金 一种跟踪市场指数的共同基金。

个人退休账户（缩写是 IRA） 雇员（或雇员的配偶）都可以开立的退休账户。这个账户的资金可以享受延税或减税政策，59 岁以前提取资金会受到处罚。

通货膨胀 产品和服务的平均价格水平在上涨。不同的指数采用不同的产品或服务计算平均价格。比较常用的指数是消费者物价指数。

首次公开发行股票（缩写是 IPO） 公司首次把证券（股票）卖给大众，也就是公司上市了。

内幕交易 官员、董事、主要持有人或其他人有内幕消息，所以他们通过买卖股票获得利益。这种利用内幕消息赚钱的速度比一般股票持有人赚钱的速度快。

机构投资者 交易量大的银行、共同基金、退休基金或其他公司。

日内时间框架 从 1 分钟到 60 分钟不同的时间框架，用来做进场或出场决定。

投资 这个名词和企业、金融、经济、存款或延迟消费都有关系。买入资产或在银行存款的目的是为了将来能得到收益或利息。从字面上理解，投资就是把东西放到其他地方。把存款投资出去就是为了得到未来的收益，这一般都不是短期行为。

投资者 通常用周线图、月线图评估市场并采用买入或持有的投资方法。交易者持仓时间长就变成了投资者，投资者喜欢基本面分析。

价内 看涨期权的现价高于行权价，或看跌期权的现价低于行权价，那么就是价内状态。如果行权的话，价内期权一般是有利润的。

凯利公式 请参看最优 f 公式。

大盘股公司 指股本大的公司。通常，市值大于100亿美元的公司就是大盘股公司。

左脑 人脑被分为两个半球，左半球和右边球，它们分别负责人类的行为功能。左脑负责具体的语言、逻辑、计划和分析能力。左脑喜欢用图片的形式来理解单词的意思。天生喜欢分析和科学的人一般都是用左脑思考的。

杠杆 能控制比个人资金更多的资金总额的能力。这个能力是通过保证金账户借来的钱实现的。杠杆越大，潜在的利润或亏损也越大。

限价单 当你买入时，你可以设置你愿意支付的最高价是多少；当你卖出时，你可以设置你愿意接受的最低价是多少。

仓位限制 对于很多期货合约，政府监管机构规定了有些投机者只能持有特定的最大仓位（合约数）。

限制价格波动　对于很多期货合约，交易规定了一天之内最大的价格变化。市场涨到了最大值叫涨停，市场跌到了最大值叫跌停。

流动性市场　市场中每天的交易量很大，大部分订单都可以在不引起价格剧烈波动的前提下成交。换句话说，流动性市场能让你轻松地进出。

流动性　市场流动性的程度。成交量大，流动性就很好。低流动性导致订单不容易成交。

流动性风险　当你进场后，如果没有足够的流动性，你可能无法在理想的价位出场。

做多　买单建立的仓位，市场上涨就能赚取利润。个人持有多头仓位也叫做多。

做多看涨期权　买入看涨期权。

做多看跌期权　买入看跌期权。

手　买卖股票的数量。在期货市场，一手就是指一份合约。

MACD　请参看指数平滑异同移动平均线。

保证金　从金融机构（经纪公司或银行）借钱买入特定的金融工具。

催缴保证金通知 如果保证金账户的资金跌到了规定的最低值以下,那么联邦储备金监察小组和金融服务提供商就会要求你要么追加资金,要么卖出部分仓位。

借方保证金 从金融服务提供商那里借来的钱。

保证金风险 你有可能把保证金账户里面的钱全部亏掉的风险。

市场指数 把一些公司股票加权平均到一个指数里面。指数代表了某些类别或市场(比如标准普尔500或纳斯达克)。

做市商 像高盛或美林这样的经纪公司、银行或公司,他们会买卖证券、外汇或期货合约。

市价订单 按照最佳市价成交的订单。

市场风险 仓位所遇到的无法控制的风险就叫市场风险。经济和全球事件都能导致市场风险,由于事件发生得太快,你可能没有时间止损出场。

明尼阿波利斯谷物交易所(缩写是MGEX) 这个交易所在创建之初就是非营利机构,目前还是这样,有390个席位。明尼阿波利斯谷物交易所在1883年制定了第一个期货合约,也就是硬红春麦的合约,目前这个合约是本交易所中交易量最大的合约。

小的三角形交易点©(缩写是MP) MP指示了主趋势的修正行为。

动量投资和交易　动量指相对于过去一段时间现在的价格变化。这个策略认为根据具有预测价值的价格模式可以捕捉到短期的价格波动行情。

资金流量指数（缩写是 MFI）　这是一个成交量加权的指标，它可以计算进出金融工具的资金流量大小。它把正资金流和负资金流形成一个指标，这样就能比较价格变化，以确定趋势是强势还是弱势。MFI 的数值在 0 到 100 之间，参数一般是 14 天。

资金管理　用不同方法控制交易和投资的风险。这些方法包括：(1) 采用合适的交易量；(2) 每笔交易的风险不超过账户的 2%；(3) 在不同的市场和板块进行分散投资。这也叫风险管理。

移动平均线（缩写是 MA）　一段时期内数据的平均值。之所以是移动的是因为我们要用最新的数据进行计算。根据定义，移动平均线滞后于市场。指数平滑移动平均线（缩写是 EMA）则赋予最新的数据更大的权重，目的是为了减少滞后的时间。

平滑异同移动平均线（缩写是 MACD）　这个指标是杰拉尔德·安朴开发的。它把金融工具的 26 天 EMA 减去 12 天 EMA。通过比较均线的关系，MACE 就能显示趋势特征，再画出均线的差值作为振荡指标，MACD 就能显示动量特征。MACD 的柱状图代表了 MACD 线和 MACD 信号线的差值。

共同基金　投资公司根据具体的基金章程投资于各种证券。投资者并不拥有对应的投资对象，他们会买入基金。

没有对应资产的期权　交易者在并不拥有对应的商品或金融工具的前提下持有期权空头仓位。

没有对应资产的看跌期权　卖出看跌期权的卖家并不拥有空头仓位。潜在的亏损就是期权的本金。

缩小价差　缩小买入价和卖出价之间的价差。

纳斯达克　请参看全国证券交易商自动报价系统。

纳斯达克100指数　根据纳斯达克100家最活跃的非金融板块证券的资本加权的指数,用来跟踪它们的业绩。

全国证券交易商自动报价系统(缩写是NASDAQ)　NASDAQ是美国股市。1971年由全国证券交易商公司创建,2000年和2001年通过一系列的变卖活动剥离了自身。目前纳斯达克由纳斯达克股市公司拥有并负责管理。2002年纳斯达克股市公司的股票在纳斯达克上市。纳斯达克是美国最大的证券交易电子平台。大约有3200家公司在纳斯达克上市,上市公司数量和每天的平均交易量是美国交易市场中最大的。

全国证券交易商公司(缩写是NASD)　这家公司负责管理纳斯达克股市以及场外交易市场。

最近月份　到期日离现在最接近的期权或期货。

净资产价值(缩写是NAV)　指共同基金的增值情况。

净值　总资产减去总负债等于净值。

纽约棉花交易所（缩写是 NYCE） 1870 年由 100 位棉花经纪人和商人在纽约市创立的。是纽约市最古老的商品交易所，在 20 世纪，棉花的消费和出口是所有商品中最多的。

纽约期货交易所（缩写是 NYFE） 这个交易所只交易长期债券期货和外汇期货。

纽约商业交易所（缩写是 NYMEX） 这是全世界最大的实物商品期货交易所，位置在纽约市。之前它的两个分别独立的公式是纽约商业交易所和纽约商品交易所（缩写是 COMEX），目前已经合并了。

纽约证券交易所（缩写是 NYSE） 位置在纽约市。纽约证券交易所提供了有效的方法让买家和卖家买卖股票。交易所采用类似拍卖的方法让买家和卖家的价格形成最佳的配对。2007 年 1 月 24 日，所有纽约证券交易所的股票都可以通过它的电子市场进行交易（除了少数高价股例外）。客户现在可以通过电子系统下单。目前超过 50% 的订单是通过电子系统传到交易所场内的。

没有趋势的市场 也叫整固的市场、通道市场、横盘振荡的市场。

纽约证券交易所综合指数 纽约证券交易所所有上市股票的资本加权后的指数，用来跟踪它们的业绩。

OBV 请参看能量潮。

能量潮（缩写是 OBV） 这个指标的计算涉及成交量和价格变化，目的是为了发现动量。能量潮滚动计算成交量的总和。它的目的是尽量发现股票债券等是否在被买家收集或被卖家卖出。乔·格兰威尔开发了这个指标。

持仓量　在期货市场，开仓量和空头仓位总是相等的。这个（多头或空头的）总和叫作持仓量。根据定义，当一个合约刚开始交易时，持仓量是 0。随后持仓量开始达到顶峰，当快要到到期日时，有人在平仓，持仓量又会慢慢下跌。

未执行的订单　一个买入或卖出证券的订单没有被执行，这么订单要么会被执行，要么会被客户取消。

以开盘价下单（缩写是 OPG）　开盘时如果选择了 OPG 功能，那么你的订单会以开盘价被成交。如果在开盘时没有被成交，这个订单会被自动取消。

最优 f 公式　这个公式根据你的胜率和回报率计算总资金的最优百分比风险。这个算法比破产风险表要激进。这个公式也被叫作凯利公式。

优化　调整软件的不同参数以寻找最好的参数，然后在实战时就使用这个特定的参数。

期权　在未来特定日期以特定价格买卖对应资产的权利。让你有权利买入的是看涨期权，让你有权利卖出的是看跌期权。

期权市场　交易期权的公开市场。

振荡指标　大部分振荡指标的数值在 0 到 100 之间。分析人士认为当指标的数值接近 0 时，价格是超卖的；当数值接近 100 时，价格是超买的。

过度交易　当佣金吃掉了大部分利润时，或你感觉到失控时，你就在过度交易。喜欢在止损后立即反手（缩写是 SAR）的交易者因为进出场速度太快了，他们容易过度交易。

超买/超卖指标　这个指标可以定义价格涨（或跌）的太多了，这样可以反向交易。

价外　看涨期权的价格低于行权价，看跌期权的价格高于行权价，就叫价外期权。

太平洋股票交易所（缩写是 PCX）　这个交易所位置在旧金山。1882 年成立的旧金山股票和债券交易所是它的前身。7 年后，洛杉矶原油交易所成立了。1957 年这两个交易所合并成太平洋沿岸股票交易所，不过交易场所还在各自的城市里。1973 年名字改为太平洋股票交易所。1999 年太平洋交易所第一个进行了股份制改造。2001 年洛杉矶的交易场所被关闭了，第二年旧金山的交易场所也被关闭了。现在太平洋交易所提供了纽约证券交易所高增长板（缩写是 NYSE Arca，以前叫 ArcaEx）电子交易平台。2003 年太平洋交易所又提供了 PCX+电子交易平台，这个平台主要交易期权。

账面收益　现在的市价和成本价相比有利润，但这个利润还没有兑现。

账面亏损　现在的市价和成本价相比有亏损，但这个亏损还没有兑现。

模式识别　根据过去的图表模式为现在的市场状况找到相似性的价格预测方法。

回报比　平均每笔赢利除以平均每笔亏损就等于回报率。比如，2∶1的回报率就是你每亏1美元就会赢利2美元。

P/E比　请参看市盈率。

百分点（缩写是PIP）　外汇市场的增量。

交易场内　交易场内交易期货合约的地方。

回放功能　请参看测试。

仓位　你在金融市场的财务风险。

仓位交易者　用日线图和周线图做交易决定，并持有数天、数周或数月。

价格　投资或交易时，价格指最新的价格。

价格竹线　价格竹线显示了一段时间间隔内的最高价和最低价。竹线可以显示不同的时间框架（时间间隔），比如1分钟、5分钟、日线、周线，等等。

价格振荡指标（缩写是PPO）柱状图　这个指标根据不同移动平均线的差进行计算，他的结果既可以是百分比形式，也可以是绝对值形式。结果用柱状图画出来，这样可以很轻松地判断中线的交叉或背离。MACD 柱状图也是同理。

价格跳空缺口　请参看跳空缺口。

市盈率（缩写是 P/E)　用现在的股价除以公司的年利润。这个指标常常被用来评估股票。

利润率　这是一个衡量赢利能力的指标，用年净收益除以年收入，也叫净利润率。

牛熊比率　看跌期权的成交量除以看涨期权的成交量，这个指标可以用来做投资者情绪指标（看涨或看跌）。

心理　掌握交易和投资的心理是成功的关键。根据我们的定义，掌握了金融心理就等于拥有了交易者的思维。恐惧、贪婪、自我、愤怒是常见的几种。

三角形顶点　这个顶点总是指向三角形趋势的方向。它会告诉你如何根据当前市场动力进场。

三角形底部　这个底部就是三角形的水平底部，它会告诉你如何根据当前市场动力设置出场止损点。

三角形确认　当市场沿着趋势的方向突破了三角形顶点时，那么就是确认了。此时，根据市场是上涨趋势或下跌趋势，三角形会显示绿色或红色。

三角形调整 这个设置可以在 ART 软件上调整，以让你决定在图表上能看见几个三角形。

潜在的三角形 如果可能会出现三角形，那么它的颜色是黄色的。一旦市场越过了三角形的顶点，那么三角形就会根据市场是上涨趋势或下跌趋势变成绿色或红色。如果市场没有确认三角形，那么黄色的三角形就会消失。

无效的三角形 如果黄色的三角形没有被确认，那么它就无效了，会消失掉。

看跌期权 一种期权合约，持有者有权利在到期日之前以特定的行权价卖出对应的证券。

看跌期权 在特定的日期之前以特定价格卖出股票（或者是债券，期货）的权利。发行看跌期权的人把这个权利卖给了买家。如果期权被行权了，买家就把股票卖给发行人，发行人必须买回股票。

基本三角形交易点© （缩写是 **P**） ART 的进场或出场信号。

三角形交易点© （缩写是 **PTP**） ART 的进场和出场信号是班尼特·A.麦克道尔开发的。它让你根据市场现实进行交易或投资。它可以用在所有的市场和时间框架内。

反弹（恢复） 价格上涨。

振荡区间的市场 请参看振荡的市场。

在现实基础上的交易　根据现实就是对正在发生的事做出反应,而不是预测未来的事件。当交易者活在现实中时,他们任意时刻都在处理正在发生的事。当在现实中交易和投资时,他们关注的是现在。他们不会受过去的影响,也不会预测未来。在现实基础上的交易和投资就是观察市场正在发生的事,比如价格和成交量。

经济衰退　商业行为的收缩,通常国内生产总值增长放缓或负增长就说明经济衰退了。

相对强弱指标(RSI)　这个指标是韦尔斯·韦尔德开发的,用来确认超买和超卖状况。它的数值在1到99之间,1最弱,99最强。它可以用来衡量股价的强度——相对于指数而言。这个指标也可以结合超买/超卖类型的指标一起使用。

阻力区　在技术分析中指价格区域,上涨的市场在这个区域会遇到卖压,导致上涨停止或反转。

回调　价格向原趋势的反方向走去。回调通常是修正行为。比如,在上涨的市场,55%的回调说明价格相对于之前的上涨下跌了55%。

投资回报率(缩写是ROI)　账面净值的收益部分。

回报风险比　平均每笔赢利除以平均每笔亏损。这个公式能让你估计可能的亏损或收益。最好是平均每笔赢利大于平均每笔亏损,这个数字最好是3。

右脑　人脑被分为两个半球,左半球和右半球,每个半球都负责特定的人类行为功能。右脑主要负责感觉、情绪和创造。右脑倾向于用图形思维思考，而不是用语言形式思考。有创造力的人一般都是右脑思考者。

图表的右边　　实战交易时，图表的右边是未知的。事后都能成为诸葛亮，实战时则很难确定市场的走向。

风险　　投资或交易时出错的可能性。

风险控制　　请参看资金管理。

ROI　　请参看投资回报率。

RSI　　请参看相对强弱指标。

罗素2000指数　　把罗素3000指数里面最小的2000只股票的股本加权处理形成的指数。

罗素3000指数　　把3000个最大的，流动性最好的股票股本加权处理形成的指数，以跟踪它们的业绩。

S&P　　请参看标准普尔。

标准普尔500股价综合指数　　把500只股票股本加权形成的指数，以跟踪它们的业绩。这些股票是根据它们的流动性、股本和板块选出来的。这500家公司不必是最大的，只要是比较热门的股票就行了。

标准普尔电子迷你盘　　标准普尔电子迷你盘常常被缩写为电子迷你盘，这是一种股指期货合约，在芝加哥商业交易所通过电子平台交易。

SAR　请参看止损并立即反手。

逐级加仓　指在当前仓位的基础上加仓以增加交易量。只有在初始仓位有利润的前提下才能逐级加仓。

逐级平仓　当你的原则叫你平仓时，平掉30%的仓位。这个技术能够让你有效地降低压力并锁定利润。

剥头皮交易者　通过价格的小波动赚钱的交易者。他们会快速买卖以赚取利润。他们经常使用止损并立即反转（SAR）的技术。他们比趋势交易者的交易量大，但他们能合理地控制风险。

周期性交易　根据生产周期或需求变化做交易。

SEC　请参看证券交易委员会。

板块　把成熟度、类型、评级和产业相似的证券放在一起形成一个板块。

证券　也叫股票。

证券交易委员会（缩写是SEC）　设立这个联邦机构的目的是向大众公开信息并防止证券行业的欺诈行为。

卖方市场　供小于求的市场。故卖家可以决定价格和条款。

卖出行为　在压力下卖出证券。

设置 在进场前设置一些标准,等你的原则确认了这些标准再进场。

股数 这是衡量金融工具的单位,包括股票、共同基金、合伙股份和信托基金。

股票持有人 持有股票的个人或实体。

做空 你在不持有的前提下卖出就是做空。这样的仓位通过下跌的市场赚钱。拥有空头仓位的交易者或实体叫空头。

做空看涨期权 卖出你并不拥有的看涨期权。

做空看跌期权 卖出看跌期权。

横盘振荡的市场 也叫整固的市场、通道市场或没有趋势的市场。

滑点 你想支付的价格和实际成交价之间的价差。比如,如果你想在 20 美元买入,但最终是在 20.5 美元买到的,这么滑点就是 0.5 点。

小盘股 指股本相对较小的公司。通常任何股本小于 100 亿的股票都是小盘股。

投机者 主动买卖金融工具并接受风险的人,他们希望通过价格的波动赚钱。

拆分 公司的股票分成更多的股份。比如,如果 1 分为 3,那么持有人的 100 股就变成了 300 股。

价差 买入价和卖出价之间的价差。

标准普尔公司（缩写是 S&P） 一家公司，以给股票评级和编制标准普尔指数而出名。

随机指标 一个资本加权指数，这个指标是乔治·蓝恩推广出来的。在上涨趋势中，收盘价在比较高的指标数值区域；在下跌趋势中，收盘价在比较低的位置。

股票 一种金融工具，代表了对公司的拥有权。公司通过发行股票募集资金，持有股票的人叫作股票持有者。

股市 能交易在证券交易所上市的股票的市场。

止损并立即反手（缩写是 SAR） 平掉目前的仓位，然后反向开仓。

止损单 这是一种订单，当价格到了止损价就止损，如果不到止损价就不执行订单。

止损出场 也叫止损、初始止损或跟踪止损。也就是你提前决定好的价格水平，当市场对你不利并到达这个价位时你就必须出场。它能帮助你控制交易风险。如果交易或投资对你不利，这就是最坏的结果。在交易或投资前提前决定好出场点是很重要的。

出场单 做多时，在市场上方下一个订单，当市场到了制定价时这个订单就成为市价单（或低于市价的销售订单）。

出场　客户下的出场单被执行了。

跨式组合　在相同时刻用相同条款同时买入或卖出相同数量的看涨期权和看涨期权。

行权价　期权的固定价格。

供应=需求　当供应等于需求时，卖家和买家都对价格一致认同，但对价值并不一致认同。

支撑区　在技术分析中，下跌的市场会遇到一个价格区域，这里的买盘很多，导致下跌停止或反而上涨。

波段交易　一种短期交易方法，目的是捕捉市场的快速行情。

技术分析　不是按照基本面（比如经济情况）分析市场因素，而是根据价格本身（和成交量）来做预测的方法。技术分析交易者和投资者利用图表来发现市场中的模式。技术分析的结论和基本面分析的结论常常是矛盾的，有些投资者和交易者则同时使用两个分析方法。

交易者助理™　班尼特·A. 麦克道尔开发的交易记录系统，你能通过交易卡片和分类表让自己变得更加有条理。

交易者的思维　请参看心理。

基点　价格波动的增减量。

股票代码　你要交易的或要研究的股票的标准缩写形式。

时间框架　就是竹线的间隔，比如2分钟图、日线图，等等。

交易　买家和卖家对价格表示一致认同，但对价值不一致认同时就会发生交易。简单地说，卖出的价值等于买入的价值时会发生交易。

交易风险　交易者通过资金管理和风险控制来控制想控制的风险。

交易量　即仓位大小，也叫交易的或投资的市场数量单位（股数、合约数，等等）。优秀的风险控制涉及选择最优的交易量。

交易量计算器™　班尼特·A.麦克道尔开发的风险控制软件，它可以根据风险百分比或账户大小等变数决定最大的交易量。

交易　持有一个仓位，无论是多头或空头，会在赚钱时平仓。如果交易对你不利，那么就快速止损。

跟踪止损　无论做多或做空，顺着趋势的方向设置止损出场点，以锁定利润。

交易　卖家卖出，买家买入。

趋势　价格向某个方向波动的倾向（上涨或下跌）。

趋势通道　把趋势线放在通道的最高点和最低点以确认上涨趋势或下跌趋势。

趋势枯竭　当趋势快到头时趋势就枯竭了。对于 ART 系统，在同一个方向出现了 4、5 个三角形买点后趋势通常就要枯竭了。

趋势交易者　趋势交易者按照趋势的大方向交易或投资。

有趋势的交易日　在交易日的大部分时间里趋势往一个方向走，要么上涨，要么下跌。

真实波幅　目前的最高点和最低点的价差，或目前的最高点和之前的收盘价的价差，或目前的最低点和之前的收盘价的价差。

不牢靠的评估　尽量预测市场的交易和投资原则。比如 MACD、随即指标和艾略特波浪理论都是不牢靠的评估。

没有兑现的收益　资产增值了，但还没有卖出——账面收益。

没有兑现的亏损　资产贬值了，但还没有卖出——账面亏损。

上涨趋势　特定市场的价格倾向于上涨。

波动性　指价格在一段时期内的波幅。波动性大的市场价格日内波幅大；波动性小的市场价格日内波幅小。这是衡量价格变化的一个方法。波动性的市场就是价格波动的市场。

成交量　一定时期内股票或合约的交易总数。

洗盘　一种价格模式，特点就是趋势反复反转。也指振荡的市场造成的亏损。

胜率 赚钱的笔数除以总笔数。比如，60%的胜率意味着100笔中间有60笔是赢利的。

关于作者

班尼特·A. 麦克道尔是 traderscoach.com© 的创始人，他在 1984 年开始了投资生涯，后来成为保诚证券和摩根·斯坦利的"注册经纪人"和"金融顾问"。

作为金融顾问，班尼特的利基就是"积极交易"，用他自己的交易系统为客户带来高收益。这个系统后来被称作应用现实交易©或 ART©系统。

因为他的很多客户都要求他把成功的交易和投资技术分享出来，班尼特在 2003 年开始向大众提供 ART 系统。目前全世界 40 多个国家的对冲基金经理、个人投资者和活跃交易者都在使用 ART 系统。

因为班尼特是技术分析专家和复杂交易平台专家，所以他经常在全国演讲，还为像《股票和商品技术分析》这样的杂志撰稿。他被公认为投资培训方面的领军人物，班尼特通过自己的公司 traderscoach.com 为全球的学生提供培训。

他很荣幸地加入了 esignal 的"和大师一起交易"团队。另外，traderscoach.com、应用现实交易和交易者助理©交易记录系统都被《股票和商品技术分析》杂志列入"读者欢迎奖"。

班尼特与夫人携两个孩子居住在圣迭哥。你可以通过电子邮件 team@ traderscoach.com 找到他。

译者后记

资金管理和风险管理是一个意思，也就是通过资金管理控制交易账户的整体风险。这样可以避免账户亏损的过多，也可以避免资金曲线在逆境情况下下跌过多。

正因为这个目的，本书作者用大量的文字讲解了破产风险，当然了，这里的破产并非指个人财务上的破产，而是指交易账户亏损过多。

一般来说，资金曲线下跌超过50%就比较危险了，如此一来，翻本就变得很困难了。故，资金管理不但要考虑到单笔交易的亏损，还要综合考虑整体账户，也就是资金曲线的亏损可能性。

关于单笔交易，本书作者提出了最简单、最明智的方法——把单笔交易的风险控制在2%。这个方法简单易学。美国著名的交易大师理查德·丹尼斯、亚历山大·艾尔德等人都很喜欢使用这个方法，一是因为简单，二是因为这种方法比较适合意志坚强的人使用。考虑到股票的波动性各不相同，使用这个方法时需要分析股票的波动性并选择波动性较小的股票，书中已有解释，此处不再赘述。即使是股票的波动性符合交易者的需求，但是投资的不确定性可能会导致交易者频繁止损，这对交易者的心理和意志则是重大的考验。

关于资金曲线，为了保证资金曲线的下跌不超过50%，交易者则要考虑如何避免和减少风险，分散投资是常用的方法。分散投资要面对的问题就是如何确定一只股票的仓位比例，本书用大量的篇幅介绍了凯利公式，而这个公式正是广大交易者在广泛讨论的一个著名公式。通过对这个公式的研究，交易者可以知道在任何时刻用多少资金购买一只股票。

本书作者用自己的系统详细解释了如何实现以上目标。除此之外，作者还提供了多种进场和出场的方法，这方面的知识也是和资金管理息息相关的。一个优秀的交易系统不但要有明确的进场点，还要有明确的出场点，读者可以通过阅读本书仔细体会进场和出场的重要性。读者还可以根据作者提供的多种思路打造自己的交易系统。

本书作者还详细分析了在不同胜率（成功率）、不同回报风险比、不同仓位比例前提下系统的整体风险，这方面的知识都是开发交易系统必须掌握的基础知识，交易者可以根据本书提供的线索并结合其他书籍来开发自己的交易系统。我们通过本书可以了解到如何平衡或调整系统的关键元素并打造出一个适合自己性格的系统。书中有详细的案例，读者可以反复研究体会。

本书作者还自己开发了很多实用的小工具，比如计算交易量的软件，还有各种卡片。这些卡片都和交易记录相关，这些卡片非常专业，从每天的记录，到每周的记录，到每个月的记录，再到每年的记录都有，可以说非常详细。专业的交易者都应该直接采用这些价值不菲的卡片。我们通过坚持使用这些卡片，必然会对自己的交易整体情况有清醒的认识，并及时发现问题。

很多散户交易了很多年，从不去总结已经发生的交易。而像本书作者这样的交易者却一直在通过这些卡片来监督自己，可以说业余选手和专业人士的差别就在这些细节，细节是魔鬼，细节决定成败。

本书总体文字简单易懂，并没有复杂的数学公式和推导过程，交易者只要结合本书中提供的现成的方法和思路，就有可能打造一个属于自己的交易系统。交易者只要坚持采用本书提供的各种卡片，就一定能做好自己的交易，至少能及时发现自己的交易问题。

希望各种层次的交易者都能从本书受益并提高自己的交易水平。

译者后记

在本书的翻译过程中，得到身边很多朋友的大量帮助。他们是：朱杰、吴文莉、李超杰、陈鼎、余锋、常红婧、郑星、田军、彭家伟、张苹、苏远秀、范纯海、张毅、吴春梅、肖艳梅、张毅。其中第一部分由肖艳梅、朱杰、吴文莉翻译；第二部分由张毅、李超杰、田军翻译；第三部分由常红婧、彭家伟翻译；第四部分由余锋、范纯海、张苹、陈鼎翻译；第五部分由张毅、郑星、苏远秀翻译；其余部分由吴春梅、康民翻译，全书由康民负责统校。可以说，没有他们的帮助，本书的翻译是无法完成的。在此一并表示感谢！

虽然译者尽最大努力保证译文的准确性，但由于水平所限，疏漏之处在所难免，希望各位读者斧正。